서울대 한국어

Workbook 2B

서울대학교 언어교육원

서울대 한국어 2B Workbook

지은이 서울대학교 언어교육원
편집인 박형만, 양승주, 김지연, Cliff Lee
펴낸곳 (주)투판즈
서울시 강남구 논현로 303
Tel (02)2140-2500
Fax (02)2140-2599
www.twoponds.co.kr
등록 1980년 10월 7일 제2004-000086호
디자인 새담디앤피
초판 1쇄 2013년 5월 1일
55쇄 2026년 2월 1일

ISBN 978-89-539-4951-5

Written by Language Education Institute, Seoul National University
Published by TWOPONDS Co., Ltd.
Designed by SAEDAM D&P

머리말 Preface

〈서울대 한국어 2B Workbook〉은 〈서울대 한국어 2B Student's Book〉의 부교재로, 주교재에서 학습한 내용이 연습을 통해 사용 능력으로 정착되도록 구성하였다. 이를 위해 어휘와 문법을 다양한 맥락 속에서 사용해 보고 복습 단원을 통해 정리 학습이 이루어질 수 있도록 하였다.

어휘는 사용 영역을 고려한 문장 및 대화 단위의 연습 문제를 마련하여 맥락에서 의미를 파악하고 생산적인 사용에 이를 수 있도록 하였다. 또한 목표 문법을 문장 및 대화 단위에서 정확하게 사용하여 문장 구성 능력, 담화 구성 능력을 익힐 수 있도록 하였다. 어휘 및 문법의 연습 문제에 제시된 문장이나 대화는 연습을 위한 기계적 문장을 지양하고 실제적 상황, 유의미한 대화에 중점을 두고 제시함으로써 교실에서의 연습이 교실 밖에서의 언어 사용 능력으로 용이하게 연계되도록 하였다. 또한 학습 내용을 점검하고 정리하기 위한 복습 단원을 세 단원마다 두었다. 복습 단원에서는 의미적 또는 형태적으로 유사한 문법의 구별 학습, TOPIK 형식의 어휘와 문법, 듣기, 읽기 및 쓰기 연습 문제 풀이, 발음 복습 등을 통해 과별로 학습된 언어 지식 및 언어 기술을 확인하고 통합하여 사용해 보도록 하였다. 또한 말하기 확장 연습을 추가로 제공하여 초급 단계의 구어 능력을 강화할 수 있도록 하였다.

이 책이 완성되기까지 많은 분들의 노력과 수고가 있었다. 무엇보다 오랜 기간에 걸쳐 집필 및 출판 과정에 참여한 교재개발위원회 선생님들의 헌신으로 책이 만들어질 수 있었다. 또한 2012년 겨울학기에 지접 수업에서 사용하면서 꼼꼼하게 수정해 주신 신경선, 현혜미, 이현의, 이소영, 서경숙, 김종호, 이수미, 이슬비 선생님, 정확한 발음으로 녹음을 해 주신 성우 임채헌, 윤미나 선생님께 감사를 드린다. 아울러 책이 출판되기까지 오랜 기간 동안 작업을 도와주신 투판즈의 사장님과 도현정 부장님, 박형만 편집팀장님, 양승주 대리님, 김지연 주임님을 비롯한 편집진 여러분께도 고마운 마음을 전한다.

2013. 5.
서울대학교 언어교육원
원장 정 상 준

Preface 머리말

<Seoul National University Korean Language 2B Workbook> is a supplementary resource for <Seoul National University Korean Language 2B Student's Book>. This book is carefully coordinated to develop learners' proficiency through exercises supporting the content of the main textbook. It provides a variety of exercises for vocabulary and grammar, and review units.

Sentence level and dialogue level vocabulary exercises are designed to promote learners' ability to grasp meaning in context and apply language in productive manner. Grammar exercises develop learners' control of grammar at the sentence level and conversational level, and further expand learning ability to creating sentences and conversational language. Carefully selected sentences from meaningful and authentic communicative contexts enable learners to apply language in real-life situations beyond the classroom. A review unit in every three main units allows both evaluation of learners' progress and review. Review units provide learners with opportunities to integrate the knowledge and skills acquired from each unit through the contrast of grammar items that are similar in meaning and form, TOPIK test modeled review exercises for vocabulary, grammar, listening, reading, and writing, and a pronunciation review. Extended speaking practice enhances learners' early competence in spoken language.

We wish to express our sincere gratitude to all who contributed to this project. We would particularly like to thank all instructors from the textbook development committee. Without their dedication and effort, this textbook would not be possible. Also, we would like to thank the following instructors for their help in piloting materials and making suggestions during the Winter session 2012: Shin Kyungsun, Hyun Haemi, Lee Hyuneui, Lee Soyoung, Suh Kyungsook, Kim Jongho, Lee Sumi, Lee Seulbi. In addition, we would like to thank Lim Chaeheon and Yoon Mina for their audio recordings. Finally, we would like to extend our gratitude to the CEO of TWOPONDS, Director Do Hyunjeong, Editorial Manager Park Hyungman, Mr. Yang Seungju, Ms. Kim Jiyeon and all other editorial staff members for their generous support in having this volume published.

May 2013

Jeong Sangjun
Executive Director
Language Education Institute, Seoul National University

일러두기 How to use this book

서울대 한국어 2B Workbook은 〈서울대 한국어 2B Student's book〉의 부교재로 10~18과, 복습 4~6으로 구성되었다. 각 과는 '어휘 연습', '문법과 표현 연습', '문형 연습'으로 구성되어 있으며, 복습은 '어휘와 문법, 듣기, 읽기와 쓰기, 발음, 말하기'로 구성되어 있다.

The Seoul National University Korean Language 2B Workbook is a supplementary resource for the <Seoul National University Korean Language 2B Student's Book>. This workbook contains 9 main units and 3 review units. Each unit consists of Vocabulary exercises, Grammar and Expression exercises, and Pattern Practice. Review units include Vocabulary and Grammar, Listening, Reading and Writing, Pronunciation, and Speaking exercises.

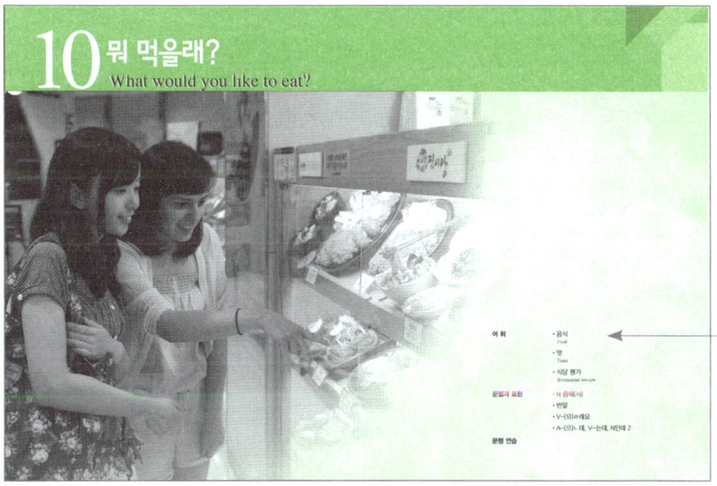

학습 목표 Learning Goals

각 과의 어휘, 문법과 표현, 문형 연습의 학습 목표를 제시한다.

The Cover Page presents the learning objectives of the Vocabulary, Grammar and Expression, and Pattern Practice portions of each unit.

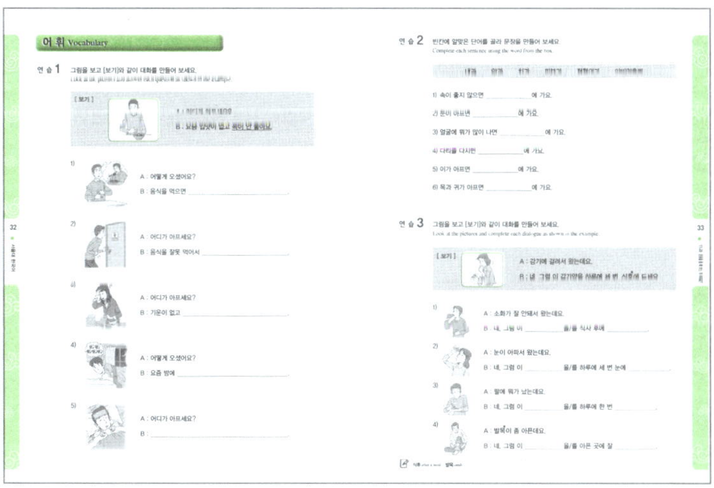

• 어휘 Vocabulary

주제 어휘의 의미를 확인하고 사용역이나 연어 관계 등을 익히며, 문장 혹은 대화 단위의 어휘 연습을 통해 어휘의 사용 능력을 기른다.

The Vocabulary section develops learners' knowledge of lexical meanings, domain of usage, and collocations while promoting vocabulary use through sentence or dialogue level exercises.

일러두기 How to use this book

• 문법과 표현 Grammar and Expression

형태 연습과 문장 단위의 연습, 대화 단위의 연습으로 구성된다.

The Grammar and Expression section offers pattern drill exercises, sentence level exercises and dialogue level exercise.

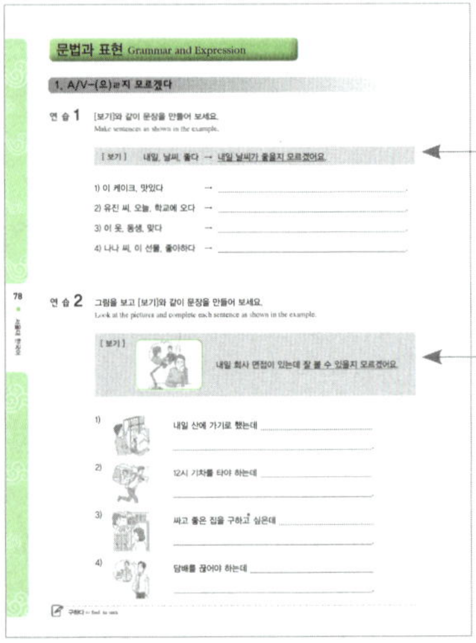

문법과 표현 Grammar and Expression

1. A/V-(으)ㄹ지 모르겠다

연습 1 [보기]와 같이 문장을 만들어 보세요.
Make sentences as shown in the example.

[보기] 내일, 날씨, 좋다 → 내일 날씨가 좋을지 모르겠어요.

1) 이 케이크, 맛있다 →
2) 유진 씨, 오늘, 학교에 오다 →
3) 이 옷, 동생, 맞다 →
4) 나나 씨, 이 선물, 좋아하다 →

연습 2 그림을 보고 [보기]와 같이 문장을 만들어 보세요.
Look at the pictures and complete each sentence as shown in the example.

[보기] 내일 회사 면접이 있는데 잘 볼 수 있을지 모르겠어요.

1) 내일 산에 가기로 했는데
2) 12시 기차를 타야 하는데
3) 싸고 좋은 집을 구하고 싶은데
4) 담배를 끊어야 하는데

78

형태 연습

목표 문법의 활용 형태를 연습한다.

Pattern drill exercises provide practice of target grammar conjugations.

문장 연습

제시어나 그림, 사진을 활용하여 문장을 구성한다.

Sentence level exercises allow for the production of sentences using given words, illustrations, or photographs.

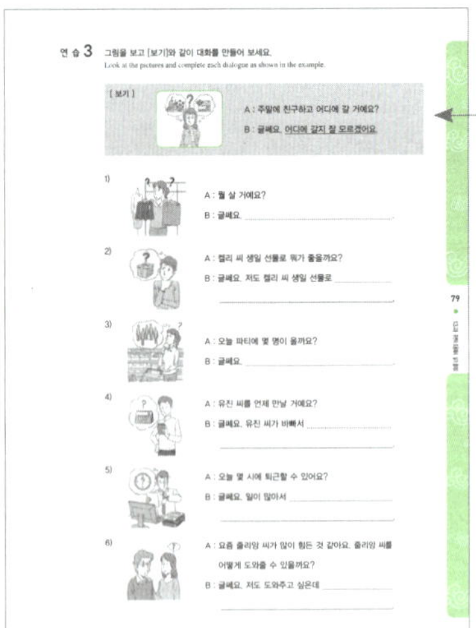

연습 3 그림을 보고 [보기]와 같이 대화를 만들어 보세요.
Look at the pictures and complete each dialogue as shown in the example.

[보기]
A : 주말에 친구하고 어디에 갈 거예요?
B : 글쎄요. 어디에 갈지 잘 모르겠어요.

1) A : 뭘 살 거예요?
B : 글쎄요.
2) A : 켈리 씨 생일 선물로 뭐가 좋을까요?
B : 글쎄요. 저도 켈리 씨 생일 선물로
3) A : 오늘 파티에 몇 명이 올까요?
B : 글쎄요.
4) A : 유진 씨를 언제 만날 거예요?
B : 글쎄요. 유진 씨가 바빠서
5) A : 오늘 몇 시에 퇴근할 수 있어요?
B : 글쎄요. 일이 많아서
6) A : 요즘 줄리앙 씨가 많이 힘든 것 같아요. 줄리앙 씨를 어떻게 도와줄 수 있을까요?
B : 글쎄요. 저도 도와주고 싶은데

79

대화 연습

제시어나 그림, 사진을 활용하여 맥락을 드러내는 짧은 대화를 구성한다.

Dialogue level exercises offer short contextual dialogues using given words, illustration, or photographs.

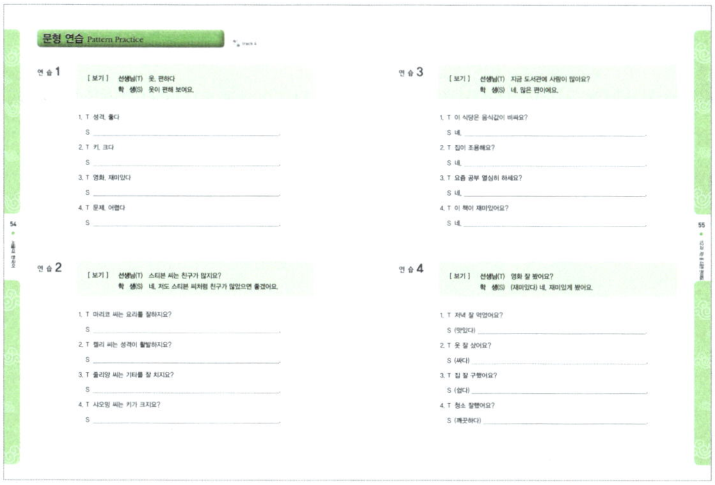

• 문형 연습 Pattern Practice

통제된 반복 연습을 통해 학습한 문법과 표현을 충분히 익히도록 한다.

The Pattern Practice section encourages learning of grammar and expressions through controlled repeated exercises.

• 복습 Review

과별 학습 내용을 연계하여 어휘와 문법, 듣기, 읽기와 쓰기, 발음, 말하기의 영역별 복습을 할 수 있도록 구성되어 있다.

The Review section reexamines the Vocabulary, Grammar, Listening, Reading, Writing, Pronunciation, and Speaking portions of each unit.

어휘와 문법

주제 어휘, 문법과 표현의 각 항목을 예문과 함께 제시하여 학습 내용을 확인하고 정리할 수 있도록 한다.

The Vocabulary and Grammar section provides a consolidated explanation of each key Vocabulary, and Grammar and Expression item.

일러두기 How to use this book

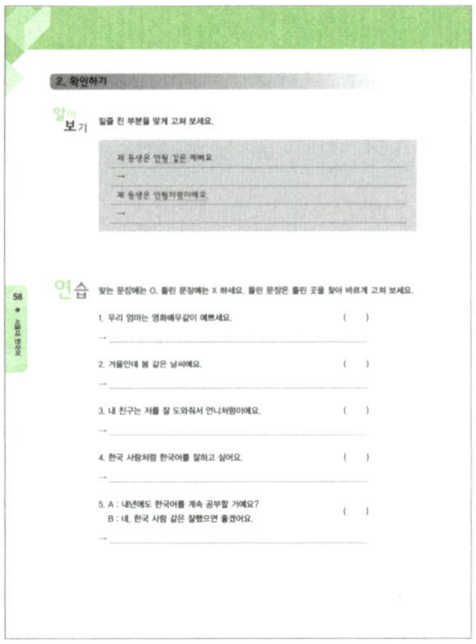

2. 확인하기

목표 문법 중 학습자 오류가 빈번하거나 심화 학습이 필요한 항목을 선정하여 의미와 용법을 재확인하고 연습할 수 있도록 한다.

The Vocabulary and Grammar section provides exercises to reexamine selected items that have a high frequency of grammatical errors and require further study.

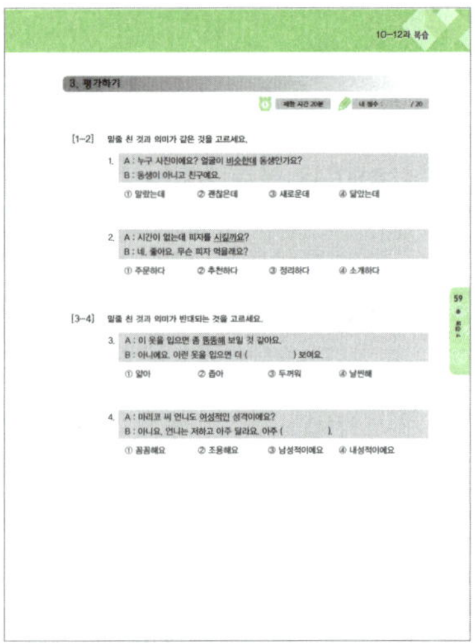

10~12과 복습

3. 평가하기

어휘, 문법과 표현에 대한 다양한 유형의 문제를 풀면서 학습자의 성취도를 점검할 수 있도록 한다.

The Vocabulary and Grammar section provides various types of pattern exercises to evaluate learners' progress.

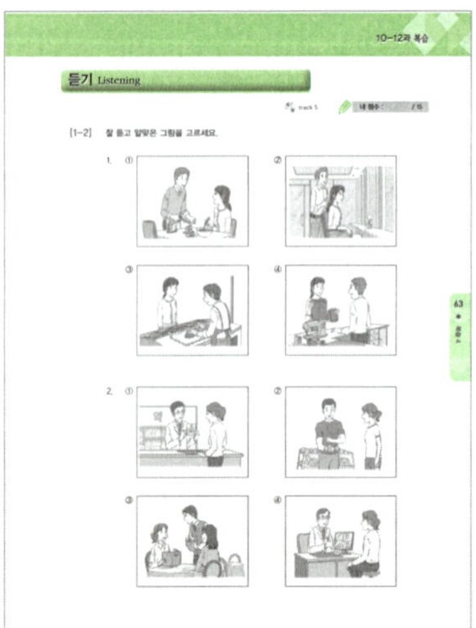

10~12과 복습

듣기 Listening

듣기

학습한 주제와 관련된 내용의 문제를 풀면서 의사소통 상황에 대한 이해 능력을 높이도록 한다.

The Listening section promotes topical comprehension in communicative contexts.

읽기와 쓰기

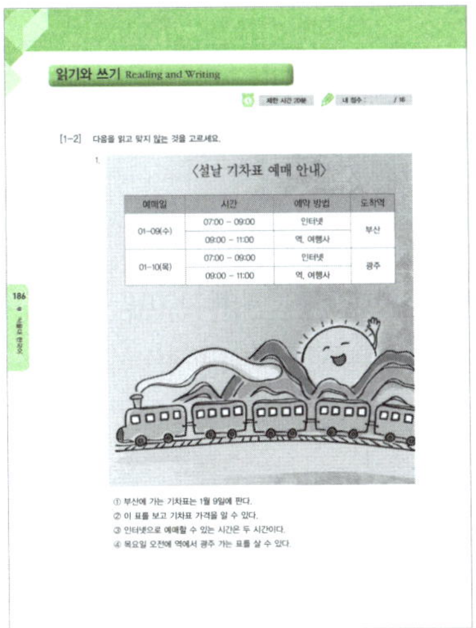
읽기와 쓰기 Reading and Writing

〈설날 기차표 예매 안내〉

읽기

목표 어휘와 문법이 포함된 다양한 글을 읽고 문제 풀이를 통해 이해를 확인한다.

The Reading section presents varied types of texts and exercies that include target vocabulary and grammar allowing learners to check their comprehension.

쓰기

문장 단위 쓰기 연습을 마련하여 목표 어휘와 문법을 사용한 문장 구성 능력을 향상시킬 수 있도록 한다. 또한 주제 중심의 담화 단위 쓰기 연습을 통해 텍스트 구성 능력을 향상시킬 수 있도록 한다.

The Writing section offers sentence level writing exercises that enhance the ability to create sentences using target vocabulary and grammar, and thematic conversational level writing exercises that promote the ability to construct texts.

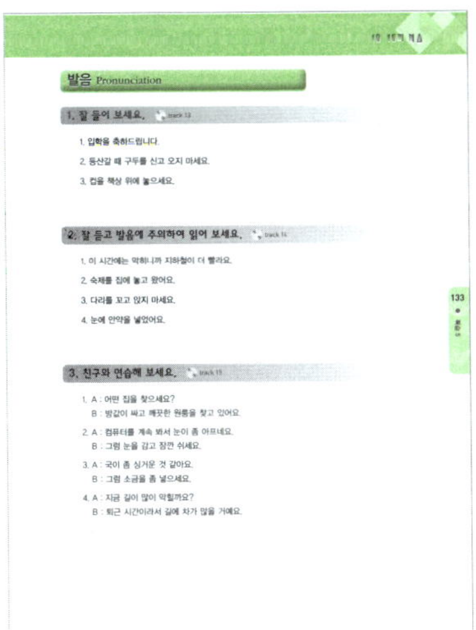
발음 Pronunciation

발음

학습한 발음 영역의 내용을 확인하고 연습을 통해 정확한 발음이 내재화될 수 있도록 한다.

The Pronunciation section provides a review of pronunciation rules and ensures successful internalization of accurate pronunciation.

일러두기 How to use this book

말하기

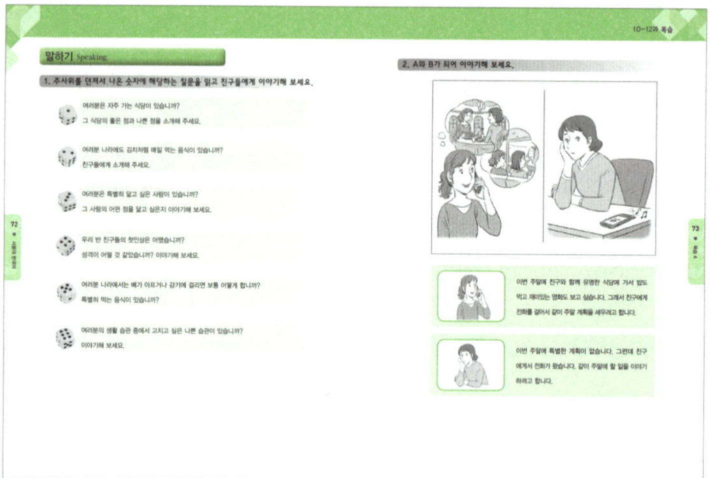

말하기 1

학습한 내용과 연계된 주제 중심의 말하기 연습을 게임 형식으로 제시한다.

The Speaking 1 section presents game-like speaking exercises linked to topical learned content.

말하기 2

실제적인 대화 상황을 역할극 형식으로 제시하여 유의미한 상호작용이 이루어지도록 한다.

The Speaking 2 section offers reciprocal practice at realistic role-play scenarios and at authentic communicative situations.

• 부록 Appendix

'듣기 지문', '모범 답안'으로 구성된다.

The Appendix supplies Listening Scripts, and Answer Key.

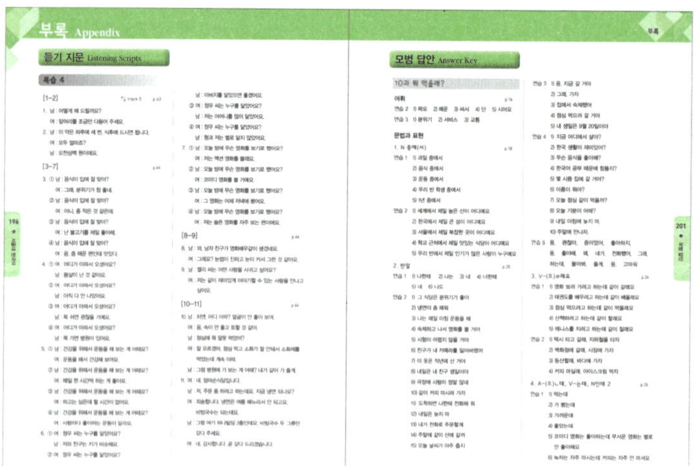

듣기 지문

복습 듣기의 지문을 제공한다.

The Listening Scripts furnish texts of the listening exercises in review units.

모범 답안

각 과의 '어휘, 문법과 표현, 문형 연습'의 문제, 복습의 '어휘와 문법, 듣기, 읽기와 쓰기' 문제에 대한 모범 답안을 제공한다.

Answer Key supplies correct answers for Vocabulary, Grammar and Expression, Pattern Practice in each unit; and Vocabulary and Grammar, Listening, Reading and Writing in review units.

차례 Contents

머리말 Preface

일러두기 How to use this book

교재 구성표 Scope and Sequence

10과 뭐 먹을래? What would you like to eat? 14

11과 운동을 좀 해 보는 게 어때요? Why don't you exercise? 30

12과 저는 좀 조용한 편이에요 I am a little on the quiet side 42

복습 4 56

13과 주변이 조용해서 살기 좋아요 Living conditions are good because the neighborhood is quiet 74

14과 여기서 사진을 찍어도 돼요? May I take a picture here? 88

15과 한국 생활에 익숙해졌어요 I've become used to living in Korea 102

복습 5 116

16과 설날에는 밥 대신 떡국을 먹어요 We eat tteokguk instead of rice on New Year's Day 136

17과 비행기를 놓칠 뻔했어요 I almost missed the flight 150

18과 한국에 온 지 벌써 6개월이 되었어요 It's been already six months since I came to Korea 164

복습 6 176

듣기 지문 Listening Scripts 196

모범 답안 Answer Key 201

교재 구성표 Scope and Sequence

단원 Unit	어휘 Vocabulary	문법과 표현 Grammar and Expression	
10과 **뭐 먹을래?** What would you like to eat?	• 음식 Food • 맛 Taste • 식당 평가 Restaurant review	• N 중에(서) • 반말 • V-(으)ㄹ래요 • A-(으)ㄴ데, V-는데, N인데 2	문형 연습 Pattern Practice
11과 **운동을 좀 해 보는 게 어때요?** Why don't you exercise?	• 증상 Symptom • 병원 Hospital • 약 Medication	• 'ㅅ' 불규칙 • N마다 • V-는 게 어때요? • V-기로 하다	문형 연습 Pattern Practice
12과 **저는 좀 조용한 편이에요** I am a little on the quiet side	• 외모 Appearance • 성격 Personality	• A-아/어 보이다 • N처럼[같이] • A-(으)ㄴ 편이다, V-는 편이다 • A-게	문형 연습 Pattern Practice
복습 4			
13과 **주변이 조용해서 살기 좋아요** Living conditions are good because the neighborhood is quiet	• 주거 Living • 생활비 Living expenses	• A/V-(으)ㄹ지 모르겠다 • A/V-기는 하지만 • A/V-기 때문에, N(이)기 때문에 • V-기(가) A	문형 연습 Pattern Practice
14과 **여기서 사진을 찍어도 돼요?** May I take a picture here?	• 예절 Etiquette • 공중도덕 Public etiquette	• V-(으)ㄴ 적(이) 있다[없다] • A/V-았을/었을 때 • V-아도/어도 되다 • V-(으)면 안 되다	문형 연습 Pattern Practice

단원 Unit	어휘 Vocabulary	문법과 표현 Grammar and Expression	
15과 **한국 생활에 익숙해졌어요** I've become used to living in Korea	• 인생 Life • 변화 Change	• A-아지다/어지다 • V-게 되다 • V-기 전에 • V-(으)ㄴ 후에	문형 연습 Pattern Practice
복습 5			
16과 **설날에는 밥 대신 떡국을 먹어요** We eat tteokguk instead of rice on New Year's Day	• 명절 Traditional holidays • 집안일 Housework	• V-아/어 놓다 • N 대신 • V-(으)ㄹ까 하다 • A/V-(으)ㄹ 테니까	문형 연습 Pattern Practice
17과 **비행기를 놓칠 뻔했어요** I almost missed the flight	• 사고 Accident • 색과 무늬 Colors and patterns	• V-아다/어다 주다 • V-(으)ㄹ 뻔하다 • 'ㅎ' 불규칙 • V-아/어 있다	문형 연습 Pattern Practice
18과 **한국에 온 지 벌써 6개월이 되었어요** It's been already six months since I came to Korea	• 감정 Emotions • 계절의 변화 Changes of seasons	• V-(으)ㄴ 지 • N(이)나 2 • A-다, V-ㄴ다/는다, N(이)다	문형 연습 Pattern Practice
복습 6			

10 뭐 먹을래?

What would you like to eat?

어 휘	• 음식 Food • 맛 Taste • 식당 평가 Restaurant review
문법과 표현	• N 중에(서) • 반말 • V-(으)ㄹ래요 • A-(으)ㄴ데, V-는데, N인데 2
문형 연습	

어 휘 Vocabulary

연 습 1 다음 음식 중에서 먹어 본 것에 √ 하세요.

Check all food that you have tried.

□ 김치찌개

□ 된장찌개

□ 순두부찌개

□ 감자탕

□ 매운탕

□ 설렁탕

□ 냉면

□ 칼국수

□ 비빔국수

□ 삼겹살

□ 떡갈비

□ 갈비찜

연 습 2 그림을 보고 알맞은 단어를 골라 대화를 만들어 보세요.

Look at the pictures and complete each dialogue using the word from the box.

달다	맵다	쓰다	시다	짜다

1) 

A : 국이 좀 ____________.

B : 소금을 좀 많이 넣은 것 같아요.

2) 

A : 떡볶이 먹을까요?

B : 저는 ____________ 음식을 잘 못 먹어요.

3) 

A : 커피가 너무 ____________ 못 마시겠어요.

B : 그럼 우유나 설탕*을 좀 넣으세요.

4) 

A : 이 케이크 맛있는데 좀 드셔 보세요.

B : 아, 제가 요즘 다이어트* 중이에요.

그래서 ____________ 것을 안 먹어요.

5) 

A : 냉면 맛이 어때요?

B : 식초*를 많이 넣어서 좀 ____________.

연 습 3 그림을 보고 알맞은 단어를 골라 문장을 만들어 보세요.

Look at the pictures and complete each sentence using the word from the box.

맛	값	교통	서비스	분위기

1) 

이 식당은 ____________이/가 좋아서 데이트할 때 가면 좋을 것 같아요.

2) 

이 식당은 ____________이/가 좋아요. 직원들이 아주 친절해요.

3) 

이 식당은 ____________이/가 편리해요. 지하철역에서 걸어서 5분 걸려요.

설탕 sugar 다이어트 diet 식초 vinegar

문법과 표현 Grammar and Expression

1. N 중에(서)

연 습 1 그림을 보고 [보기]와 같이 대화를 만들어 보세요.
Look at the pictures and complete each dialogue as shown in the example.

[보기]

A : 민수 씨 <u>가족 중에서</u> 누가 제일 키가 커요?

B : 동생이 제일 커요.

1)

A : ____________________ 뭘 제일 좋아해요?

B : 저는 딸기를 좋아해요.

2)

A : ____________________ 뭐가 제일 맛있어요?

B : 불고기가 제일 맛있어요.

3)

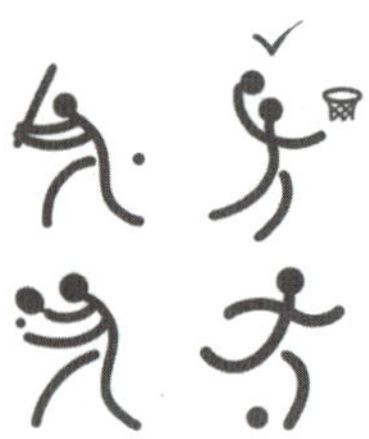

A : ____________________ 뭘 제일 잘해요?

B : 저는 농구를 잘해요.

4)

A : ____________________ 누가 제일 한국말을 잘해요?

B : 아키라 씨가 제일 잘해요.

5)

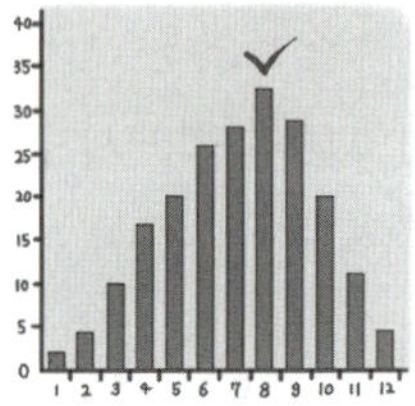

A : ____________________ 몇 월이 제일 더워요?

B : 8월이 제일 더워요.

연 습 2 그림을 보고 [보기]와 같이 대화를 만들어 보세요.

Look at the pictures and complete each dialogue as shown in the example.

[보기]

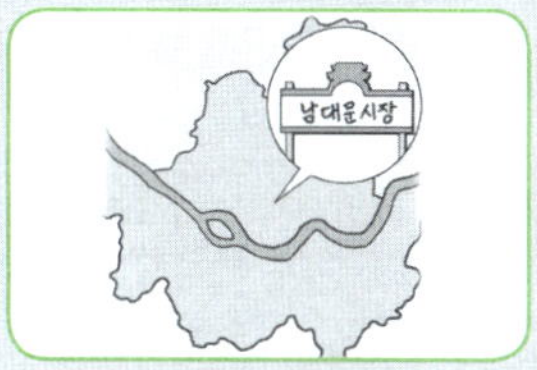

서울 / 크다

A : 서울에서 제일 큰 시장이 어디예요?

B : 남대문시장이 가장 커요.

1)

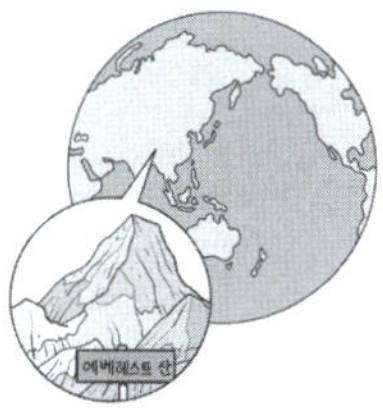

세계 / 높다

A : ____?

B : 에베레스트 산*이 제일 높아요.

2)

한국 / 크다

A : ____?

B : 제주도가 가장 큰 섬이에요.

3)

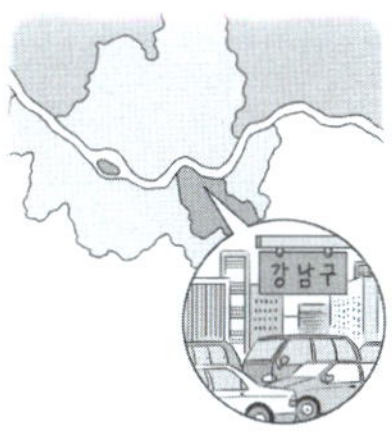

서울 / 복잡하다

A : ____?

B : 강남 근처가 제일 복잡한 것 같아요.

4)

학교 근처 / 맛있다

A : ____?

B : 서울식당이 제일 맛있어요.

5)

우리 반 / 인기가 많다*

A : ____?

B : 글쎄요, 켈리 씨인 것 같아요.

에베레스트 산 Mt. Everest 인기가 많다 to be popular

2. 반말

연 습 1 [보기]와 같이 빈칸에 알맞은 단어를 골라 대화를 만들어 보세요.
Complete each dialogue using the word from the box as shown in the example.

내가	나는	나를	나도	나한테	내
네가	너는	너를	너도	너한테	네

[보기] A : 오늘 배운 문법을 잘 모르겠어.

B : 내가 가르쳐 줄게.

1) A : 수업 끝나면 ___________ 전화해.
B : 그래, 전화할게.

2) A : 같이 점심 먹자.
B : ___________ 벌써 먹었는데.

3) A : 이거 누구 책이야?
B : 아, 그거 ___________ 책이야.

4) A : 아까 내가 ___________ 전화했는데 몰랐어?
B : 그랬어? 오늘 휴대폰을 집에 놓고 왔어.

5) A : 이거 ___________ 거야?
B : 응, 내 거야.

6) A : 오늘 나나 생일이라서 저녁에 나나 집에 갈 거야. 너도 갈 거지?
B : 응, ___________ 갈 거야.

연습 2 [보기]와 같이 반말로 바꿔 보세요.

Change the sentences into banmal as shown in the example.

[보기] 비빔밥이 맛있어요. → 비빔밥이 맛있어.

1) 그 식당은 분위기가 좋아요. → ______________.

2) 냉면이 좀 매워요. → ______________.

3) 저는 매일 아침 운동을 해요. → ______________.

4) 숙제하고 나서 영화를 볼 거예요. → ______________.

5) 시험이 어렵지 않을 거예요. → ______________.

6) 친구가 제 카메라를 잃어버렸어요. → ______________.

7) 이 옷은 작년에 산 거예요. → ______________.

8) 내일은 제 친구 생일이에요. → ______________.

9) 극장에 사람이 정말 많네요. → ______________.

10) 같이 커피 마시러 가요. → ______________.

11) 도착하면 저한테 전화해 주세요. → ______________.

12) 내일은 늦지 마세요. → ______________.

13) 제가 전화로 주문할게요. → ______________.

14) 주말에 같이 산에 갈까요? → ______________?

15) 오늘 날씨가 아주 춥지요? → ______________?

연 습 3 [보기]와 같이 대화를 만들어 보세요.

Complete each dialogue as shown in the example.

[보기] A : 이 근처에 서점이 어디에 있는지 알아?
B : 응, 지하철역 옆에 있어.

1) A : 지금 식당에 갈 거야?
B : ______________________________.

2) A : 주말에 같이 영화 보러 갈까?
B : ______________________________.

3) A : 어제 뭐 했어?
B : ______________________________.

4) A : 오늘 수업 끝나고 뭐 해?
B : ______________________________.

5) A : 생일이 며칠이야?
B : ______________________________.

연 습 4 [보기]와 같이 반말로 바꿔서 이야기해 보세요.

Change the following sentences into banmal and practice dialogues with your partner as shown in the example.

[보기]

1) 지금 어디에서 사십니까?

2) 한국 생활이 재미있어요?

3) 무슨 음식을 좋아해요?

4) 한국어 공부 때문에 힘들지요?

5) 몇 시쯤 집에 갈 거예요?

6) 성함이 어떻게 되십니까?

7) 오늘 점심 같이 먹을까요?

8) 오늘 기분이 어때요?

9) 내일 아침에 늦지 마세요.

10) 주말에 만납시다.

연 습 5 [보기]와 같이 다음을 반말로 바꿔 보세요.

Change the following conversation into banmal as shown in the example.

정우 : 스티븐 씨, 지금 통화 괜찮아요?

스티븐 : 네, 괜찮아요. 숙제하는 중이었어요.

정우 : 스티븐 씨, 한국 전통 음악 좋아하지요?

스티븐 : 네, 좋아해요. 그런데 왜요?

정우 : 국립국악원에서 하는 외국인을 위한 국악 수업이 있는데 스티븐 씨가 좋아할 것 같아서 전화했어요.

스티븐 : 그래요? 무슨 요일에 하는데요?

정우 : 토요일에 하는데 자세한 것은 전화해서 물어보세요. 문자로 전화번호 보내 줄게요.

스티븐 : 네, 고마워요.

[보기]

정우 : 스티븐, 지금 통화 <u>괜찮아</u>?

스티븐 : ________, ____________. 숙제하는 ____________.

정우 : 스티븐, 한국 전통 음악 ____________?

스티븐 : ________, ____________. 그런데 ____________?

정우 : 국립국악원에서 하는 외국인을 위한 국악 수업이 있는데 ____________ 좋아할 것 같아서 ____________.

스티븐 : ____________? 무슨 요일에 ____________?

정우 : 토요일에 하는데 자세한 것은 전화해서 ________________. 문자로 전화번호 보내 ____________.

스티븐 : ________, ____________.

3. V-(으)ㄹ래요

연 습 1 그림을 보고 [보기]와 같이 대화를 만들어 보세요.
Look at the pictures and complete each dialogue as shown in the example.

[보기]

A : 라면을 끓이려고* 하는데 같이 먹을래요?

B : 네, 좋아요.

1)

A : ________________________________?

B : 네, 좋아요.

2)

A : ________________________________?

B : 저는 운동하는 걸 별로 안 좋아해요.

3)

A : ________________________________?

B : 전 조금 전에 친구랑 먹었어요.

4)

A : ________________________________?

B : 네, 좋아요.

5)

A : ________________________________?

B : 전 테니스를 전혀 칠 줄 몰라요.

끓이다 to boil

연 습 2 그림을 보고 [보기]와 같이 대화를 만들어 보세요.

Look at the pictures and complete each dialogue as shown in the example.

[보기]

갈비탕 냉면

A : 점심에 갈비탕 먹을래?

B : 날씨가 더우니까 냉면 먹자.

1)

택시 지하철

A : 집에 갈 때 ______________________________?

B : 길이 막히니까 ______________________________.

2)

백화점 시장

A : 선물 사러 ______________________________?

B : 백화점은 비싸니까 ______________________________.

3)

산 바다

A : 이번 주말에 ______________________________?

B : 등산은 힘드니까 ______________________________.

4)

커피 아이스크림

A : ______________________________?

B : 커피는 아까 마셨으니까 ______________________________.

5)

A : ______________________________?

B : ______________________________.

4. A-(으)ㄴ데, V-는데, N인데 2

연 습 1 그림을 보고 [보기]와 같이 문장을 만들어 보세요.
Look at the pictures and complete each sentence as shown in the example.

[보기]

저는 축구는 <u>잘하는데</u> 농구는 못해요.

1)

저는 소고기는 ____________ 돼지고기는 안 먹어요.

2)

저는 부산은 ____________ 제주도는 안 가 봤어요.

3)
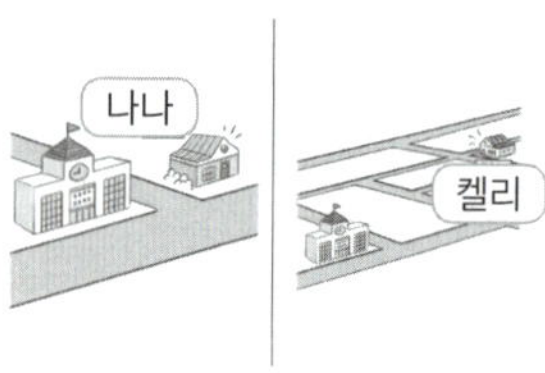

나나 씨 집은 학교에서 ____________ 켈리 씨 집은 멀어요.

4)

어제는 날씨가 ____________ 오늘은 비가 오네요.

5)

____.

6)

____.

연 습 2 [보기]와 같이 대화를 만들어 보세요.

Complete each dialogue as shown in the example.

[보기] A : 줄리앙, 이번 시험 잘 봤어?
B : 아니, 열심히 공부했는데 생각보다 잘 못 봤어.

1) A : 나나, 어제 잘 못 잤어?
B : 아니, 잘 ____________ 피곤해.

2) A : 요즘 부산 날씨는 어때?
B : 낮에는 좀 ____________ 아침, 저녁은 시원해.

3) A : 샤오밍, 저 가수 노래 정말 잘하지?
B : 노래는 ____________ 춤은 잘 못 추는 것 같아.

4) A : 스티븐, 네 친구 에드도 한국말 잘해?
B : 아니, 한국에서 오래 ____________ 잘 못해.

5) A : 한자를 쓸 줄 알아?
B : 아니, 읽을 줄은 ____________ 쓸 줄은 몰라.

연 습 3 [보기]와 같이 문장을 만들어 보세요.

Complete each sentence as shown in the example.

[보기] 겨울인데 별로 춥지 않아요.

1) 시험 기간인데 ____________________________.

2) 약을 먹었는데 ____________________________.

3) 점심을 많이 먹었는데 ____________________________.

4) 친구한테 전화를 했는데 ____________________________.

5) ____________________________.

문형 연습 Pattern Practice

track 2

연습 1

[보기] 선생님(T) 한국 음식, 비빔밥, 맛있다
학 생(S) 한국 음식 중에서 비빔밥이 제일 맛있어.

1. T 꽃, 장미, 예쁘다

   S ______________________________.

2. T 한국 노래, 이 노래, 좋다

   S ______________________________.

3. T 일주일, 월요일, 바쁘다

   S ______________________________.

4. T 우리 반 학생, 샤오밍 씨, 멋있다

   S ______________________________.

연습 2

[보기] 선생님(T) 몇 시에 일어나요?
학 생(S) 몇 시에 일어나?

1. T 음악을 자주 들어요?

   S ______________________________?

2. T 집이 여기서 멀어요?

   S ______________________________?

3. T 지난 주말에 뭐 했어요?

   S ______________________________?

4. T 이번 방학에 어디에 갈 거예요?

   S ______________________________?

연 습 3

[보기] **선생님**(T) 주말, 도서관, 가다
학 생(S) 주말에 도서관에 갈래요?

1. T 이번 방학, 제주도, 가다

   S ______________________________.

2. T 저녁, 학교 앞, 만나다

   S ______________________________.

3. T 일요일, 우리 집, 오다

   S ______________________________.

4. T 점심, 비빔밥, 먹다

   S ______________________________.

연 습 4

[보기] **선생님**(T) 축구는 잘해요. 농구는 잘 못해요.
학 생(S) 축구는 잘하는데 농구는 잘 못해요.

1. T 김치는 좋아해요. 김치찌개는 안 좋아해요.

   S ______________________________.

2. T 버스 정류장은 가까워요. 지하철역은 멀어요.

   S ______________________________.

3. T 얼굴은 알아요. 이름은 몰라요.

   S ______________________________.

4. T 아침에는 비가 왔어요. 지금은 안 와요.

   S ______________________________.

11 운동을 좀 해 보는 게 어때요?

Why don't you exercise?

어 휘

- 증상
  Symptom
- 병원
  Hospital
- 약
  Medication

문법과 표현

- 'ㅅ' 불규칙
- N마다
- V–는 게 어때요?
- V–기로 하다

문형 연습

어 휘 Vocabulary

연 습 1 그림을 보고 [보기]와 같이 대화를 만들어 보세요.
Look at the pictures and answer each question as shown in the example.

[보기]

A : 어디가 아프세요?

B : 요즘 입맛이 없고 <u>속이 안 좋아요</u>.

1)

A : 어떻게 오셨어요?

B : 음식을 먹으면 ______________________________.

2)

A : 어디가 아프세요?

B : 음식을 잘못 먹어서 ______________________________.

3)

A : 어디가 아프세요?

B : 기운이 없고 ______________________________.

4)

A : 어떻게 오셨어요?

B : 요즘 밤에 ______________________________.

5)

A : 어디가 아프세요?

B : ______________________________.

연 습 2 빈칸에 알맞은 단어를 골라 문장을 만들어 보세요.

Complete each sentence using the word from the box.

내과	안과	치과	피부과	정형외과	이비인후과

1) 속이 좋지 않으면 ______________에 가요.

2) 눈이 아프면 ______________에 가요.

3) 얼굴에 뭐가 많이 나면 ______________에 가요.

4) 다리를 다치면 ______________에 가요.

5) 이가 아프면 ______________에 가요.

6) 목과 귀가 아프면 ______________에 가요.

연 습 3 그림을 보고 [보기]와 같이 대화를 만들어 보세요.

Look at the pictures and complete each dialogue as shown in the example.

[보기]

A : 감기에 걸려서 왔는데요.

B : 네, 그럼 이 <u>감기약</u>을 하루에 세 번, 식후*에 <u>드세요</u>.

1)

A : 소화가 잘 안돼서 왔는데요.

B : 네, 그럼 이 ____________을/를 식사 후에 .

2)

A : 눈이 아파서 왔는데요.

B : 네, 그럼 이 을/를 하루에 세 번 뉴에 ____________

3)

A : 팔에 뭐가 났는데요.

B : 네, 그럼 이 ____________을/를 하루에 한 번 ____________.

4)

A : 발목*이 좀 아픈데요.

B : 네, 그럼 이 ____________을/를 아픈 곳에 잘 ____________.

식후 after a meal 발목 ankle

문법과 표현 Grammar and Expression

1. 'ㅅ' 불규칙

연 습 1 빈칸에 알맞게 쓰세요.

Complete the table as shown in the example.

	–아요/어요	–습니다/ㅂ니다	–(으)니까	–아서/어서	–(으)ㄴ데/는데
낫다*	나아요				
짓다*		짓습니다			
붓다*			부으니까		
젓다*				저어서	

연 습 2 빈칸에 알맞은 단어를 골라 대화를 만들어 보세요.

Complete each dialogue using the correct verb from the box.

낫다	짓다	붓다	젓다	웃다	씻다

1) A : 커피가 좀 쓰네요.

B : 설탕을 넣었으니까 잘 _____________ 드세요.

2) A : 목소리*가 왜 그래요?

B : 감기에 걸려서 목이 많이 _____________.

3) A : 어제 본 영화 어땠어요?

B : 정말 재미있었어요. 영화 보면서 계속 _____________.

4) A : 지금도 많이 아파요?

B : 아니요, 약을 먹고 쉬어서 다 _____________.

5) A : 이사 간 집은 어때요?

B : 새로 _____________ 건물이라서 깨끗해요.

6) A : 감기에 걸리지 않으려면 손을 자주 _____________.

B : 네, 알겠습니다.

낫다 to recover (건물을, 이름을) 짓다 to build; to name 붓다 to swell 젓다 to stir 목소리 voice

2. N마다

연 습 1 그림을 보고 [보기]와 같이 대화를 만들어 보세요.

Look at the pictures and complete each dialogue as shown in the example.

[보기]

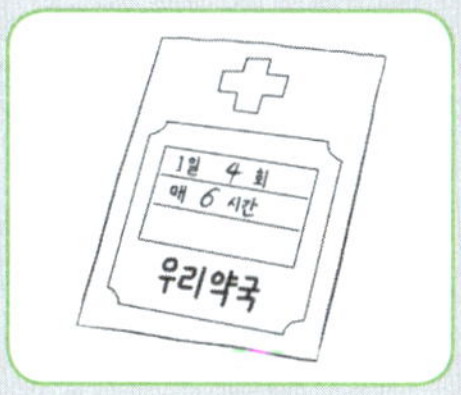

A : 이 약을 어떻게 먹어야 돼요?

B : 여섯 시간마다 드세요.

1)

A : 춘천 가는 버스가 자주 있나요?

B : 네, ______________ 있어요.

2)

A : 이 박물관은 쉬는 날이 언제예요?

B : 여기는 ______________ 문을 닫아요.

3)

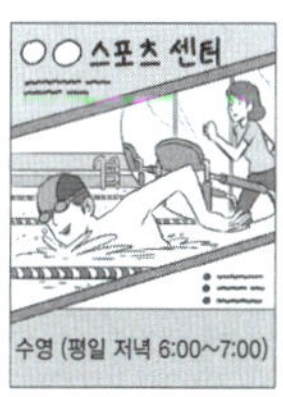

A : 언제 수영을 배워요?

B : ______________ 수영을 배워요.

4)

A : 언제 청소해요?

B : ______________ 해요.

5)

A : 한국어 공부는 얼마나 하세요?

B : ______________ 두 시간씩* 해요.

6)

A : 화장실이 몇 층에 있어요?

B : ______________ 있어요.

씩 (number of) times

연 습 2 [보기]와 같이 문장을 만들어 보세요.

Rewirte the sentences as shown in the example.

[보기] 저는 여름휴가 때 항상 제주도에 가요.

→ 저는 여름휴가 때마다 제주도에 가요.

1) 저는 방학 때 항상 고향에 가요.

→ ______________________________.

2) 저는 시험 때 항상 도서관에서 공부해요.

→ ______________________________.

3) 저는 시간이 있을 때 항상 등산을 가요.

→ ______________________________.

4) 저는 한국어로 발표를 할 때 항상 긴장돼요.

→ ______________________________.

5) 저는 고향 음식을 먹을 때 항상 부모님 생각이 나요.

→ ______________________________.

6) 저는 저녁을 먹을 때 항상 와인*을 한 잔씩 마셔요.

→ ______________________________.

와인 wine

3. V-는 게 어때요?

연 습 1 그림을 보고 [보기]와 같이 대화를 만들어 보세요.
Look at the pictures and complete each dialogue as shown in the example.

[보기]

A : 속이 안 좋고 어지러워요.

B : 그럼 병원에 가 보는 게 어때요?

1)

A : 요즘 밤에 잠이 안 와요*.

B : 커피를 줄이고* ______________________?

2)

A : 요즘 일도 많고 좀 피곤해요.

B : 휴가를 내서* ______________________?

3)

A : 치마하고 바지 중에서 어느 걸 살까요?

B : 바지는 많으니까 ______________________?

4)

A : 이번 토요일에 영화 보러 갈까요?

B : 토요일에는 사람이 많으니까 다른 날

______________________?

5)

A : 버스를 타고 갈까요?

B : 퇴근 시간이라서 길이 막히니까

______________________?

잠이 오다 to get sleepy 줄이다 to reduce 휴가를 내다 to take time off

4. V-기로 하다

연 습 1 그림을 보고 [보기]와 같이 대화를 만들어 보세요.

Look at the pictures and complete each dialogue as shown in the example.

[보기]

만나다

A : 나나 씨하고 어디에서 <u>만나기로 했어요</u>?

B : 강남역 3번 출구 앞에서 <u>만나기로 했어요</u>.

1)

준비하다

A : 나나 씨 생일 케이크는 누가 ____________________?

B : 아키라 씨가 ____________________.

2)

타고 가다

A : 부산에 갈 때 뭘 ____________________?

B : KTX를 ____________________.

3)

일하다

A : 언제부터 그 회사에서 ____________________?

B : 다음 달부터 ____________________.

4)

이사 가다

A : 언제 ____________________?

B : 다음 주 토요일에 ____________________.

5)

만들다

A : 집들이* 때 무슨 음식을 ____________________?

B : 갈비하고 잡채를 ____________________.

집들이 house warming party

연 습 2 그림을 보고 [보기]와 같이 대화를 만들어 보세요.

Look at the pictures and complete each dialogue as shown in the example.

[보기]

A : 이번 주말에 뭐 할 거예요?

B : 켈리 씨하고 <u>여행 가기로 했어요</u>.

1) 

A : 오늘 수업 끝나고 뭐 해요?

B : 친구하고 ______________________.

2) 

A : 방학 때 뭐 할 거예요?

B : 친구하고 ______________________.

3) 

A : 내일 마리코 씨 만나요?

B : 네, 만나서 같이 ______________________.

4) 

A : 이번 토요일에 약속 있어요?

B : 네, 샤오밍 씨하고 ______________________.

연 습 3 여러분은 어떤 계획이 있습니까? [보기]와 같이 써 보세요.

Do you have any plan? Write them down as shown in the example.

[보기] 담배를 많이 피워서 건강이 안 좋아요. 그래서 오늘부터 담배를 끊기로 했어요.

1) ______________________________________.

2) ______________________________________.

3) ______________________________________.

문형 연습 Pattern Practice

track 3

연 습 1

[보기] **선생님**(T) 아침, 운동을 하다
학 생(S) 아침마다 운동을 해요.

1. T 주말, 등산을 가다
   S ______________________________.
2. T 수요일, 태권도를 배우다
   S ______________________________.
3. T 쉬는 시간, 친구를 만나다
   S ______________________________.
4. T 여섯 시간, 약을 먹다
   S ______________________________.

연 습 2

[보기] **선생님**(T) 시간이 있다, 음악을 듣다
학 생(S) 시간이 있을 때마다 음악을 들어요.

1. T 영화를 보다, 팝콘을 먹다
   S ______________________________.
2. T 눈이 아프다, 안약을 넣다
   S ______________________________.
3. T 이 음악을 듣다, 고향 생각이 나다
   S ______________________________.
4. T 가족이 보고 싶다, 전화를 하다
   S ______________________________.

연습 3

[보기] **선생님**(T) 어제부터 머리가 계속 아파요.
학 생(S) (약을 먹다) 약을 먹는 게 어때요?

1. T 약을 먹었는데 안 나아요.

   S (병원에 가다) ____________________?

2. T 요즘 밤에 잠이 안 와요.

   S (커피를 줄이다) ____________________?

3. T 항상 피곤하고 힘이 없어요.

   S (운동을 좀 해 보다) ____________________?

4. T 나나 씨가 이틀 동안 학교에 안 왔어요.

   S (전화를 해 보다) ____________________?

연습 4

[보기] **선생님**(T) 이번 방학에 뭐 할 거예요?
학 생(S) (친구와 여행 가다) 친구와 여행 가기로 했어요.

1. T 어디로 여행 갈 거예요?

   S (제주도로 가다) ____________________.

2. T 몇 시에 만날 거예요?

   S (열 시에 만나다) ____________________.

3. T 이번 주말에 뭐 할 거예요?

   S (가족들과 저녁을 먹다) ____________________.

4. T 생일에 뭐 할 거예요?

   S (친구들과 놀다) ____________________.

12 저는 좀 조용한 편이에요

I am a little on the quiet side

어 휘

- 외모
  Appearance
- 성격
  Personality

문법과 표현

- A-아/어 보이다
- N처럼[같이]
- A-(으)ㄴ 편이다, V-는 편이다
- A-게

문형 연습

어 휘 Vocabulary

연 습 1 그림을 보고 [보기]와 같이 빈칸에 알맞은 단어를 골라 쓰세요.
Look at the pictures and fill in the blanks using the word from the box as shown in the example.

크다	있다	넓다	높다	두껍다	진하다
좁다	얇다	낮다	작다	없다	연하다

[보기]

눈이 커요 ↔ 작아요

1)

눈썹이 ______ ↔ ______

2)

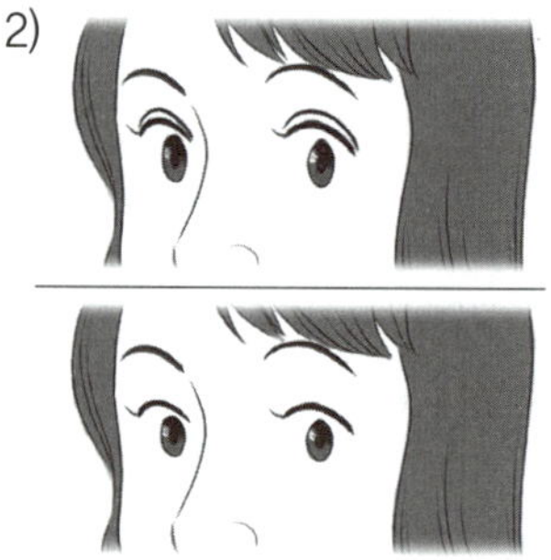

쌍꺼풀이 ______ ↔ ______

3)

코가 ______ ↔ ______

4)

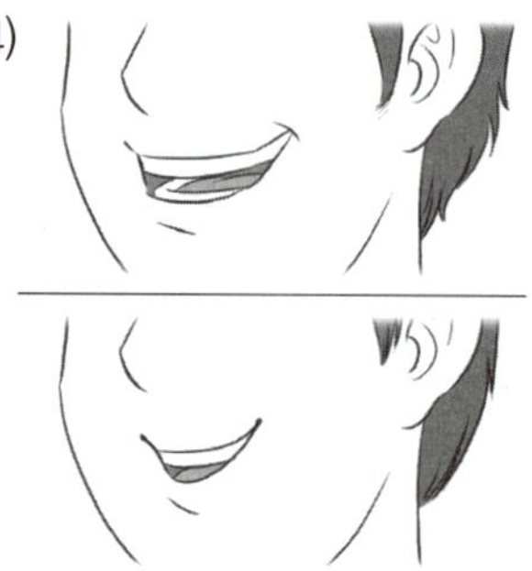

입이 ______ ↔ ______

5)

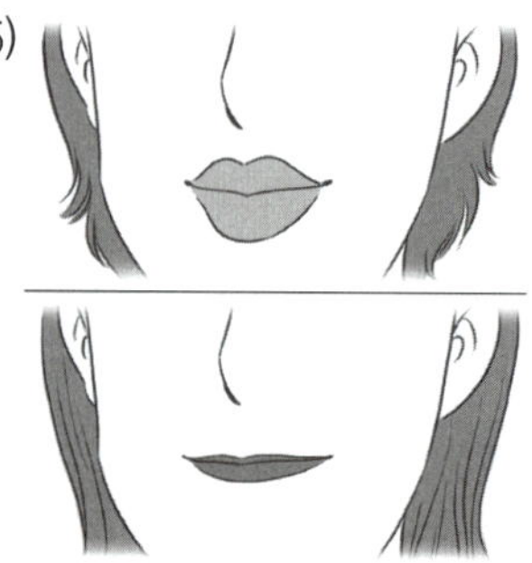

입술이 ______ ↔ ______

6)

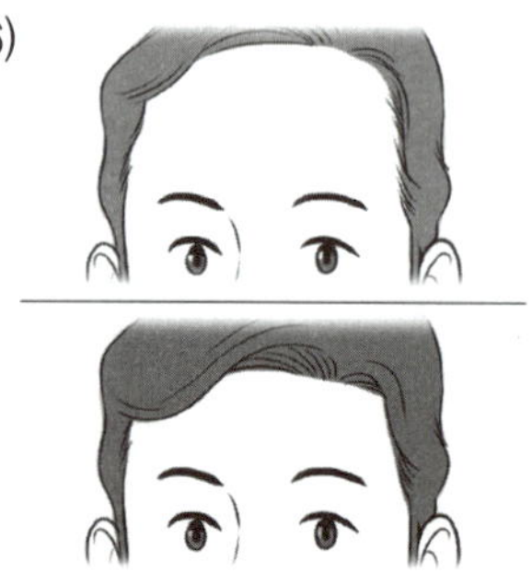

이마가 ______ ↔ ______

7)

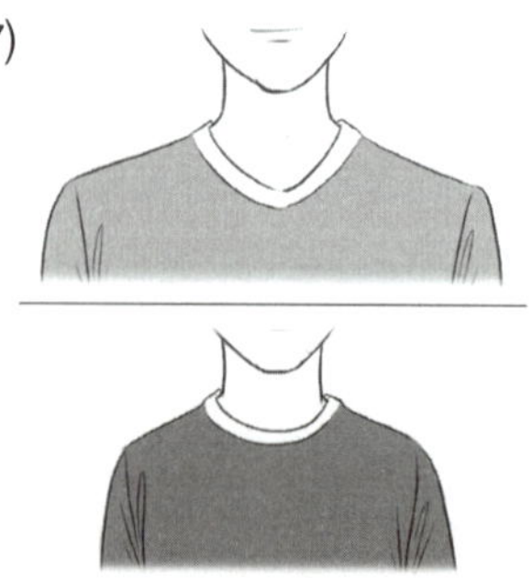

어깨가 ______ ↔ ______

8)

키가 ______ ↔ ______

연 습 2 [보기]와 같이 알맞은 단어를 골라 대화를 만들어 보세요.

Complete each dialogue using the word from the box as shown in the example.

꼼꼼하다　　활발하다　　내성적이다
남성적이다　　여성적이다　　(성격이) 급하다

[보기]　A : 유진 씨는 성격이 어때요?
B : 꼼꼼한 것 같아요. 공책 정리도 잘하고 작은 실수도 잘 안 해요.

1) A : 스티븐 씨는 성격이 어때요?

B : 성격이 ______________________.

처음 만나는 사람들과도 이야기를 잘해요.

2) A : 유미 씨는 성격이 어때요?

B : 좀 ______________________.

운동하는 것을 아주 좋아하고 겁이 별로 없어요*.

3) A : 마리코 씨, 동생도 마리코 씨와 성격이 비슷해요?

B : 네, 우리는 둘 다 ______________________.

항상 일을 빨리빨리 하려고 해요.

4) A : 줄리앙 씨는 사람들 만나는 걸 좋아해요?

B : 아니요, 줄리앙 씨는 혼자 있는 걸 더 좋아해요.

성격이 ______________________.

5) A : 켈리 씨는 언니와 성격이 비슷해요?

B : 아니요, 저는 언니와 성격이 전혀 달라요.

언니는 ______________________ 저는 남성적이에요.

* 겁이 없다 to be fearless

문법과 표현 Grammar and Expression

1. A-아/어 보이다

연 습 1 그림을 보고 [보기]와 같이 문장을 만들어 보세요..

Look at the pictures and complete each sentence as shown in the example.

[보기]

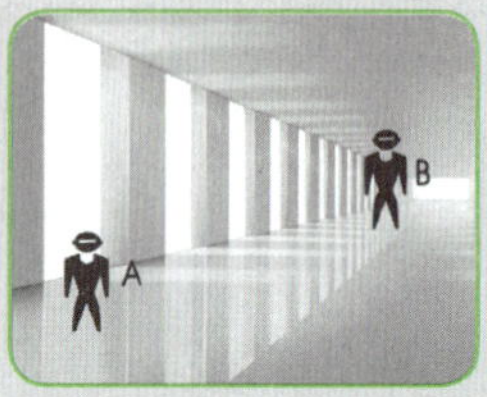

A가 B보다 키가 더 <u>작아 보여요</u>.

1)

A

B

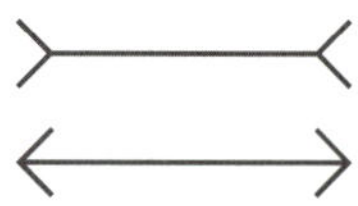

A가 B보다 길이가 더 ______________________.

2)

A / B

A가 B보다 눈이 더 ______________________.

3)

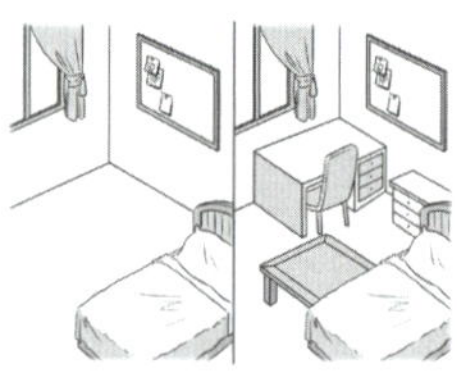

A / B

A가 B보다 방이 더 ______________________.

4)

A / B

A가 B보다 나이가 더 ______________________.

5)

A / B

A가 B보다 더 ______________________.

연 습 2 그림을 보고 [보기]와 같이 대화를 만들어 보세요.

Look at the pictures and complete each dialogue as shown in the example.

[보기]

A : <u>기분이 좋아 보이네요.</u>

B : 네, 시험을 잘 봐서 기분이 좋아요.

1)

A : ________________________________.

B : 네, 옷이 두꺼워서 따뜻해요.

2)

A : ________________________________.

B : 네, 모르는 단어가 많아서 좀 어려워요.

3)

A : ________________________________.

B : 네, 정말 맛있어요. 한번 드셔 보세요.

4)

A : ________________________________.

B : 네, 잠을 잘 못 자서 좀 피곤해요.

5)

A : ________________________________.

B : 네, 운동을 많이 해서 좀 힘들어요.

2. N처럼[같이]

연 습 1 그림을 보고 [보기]와 같이 대화를 만들어 보세요.

Look at the pictures and complete each dialogue as shown in the example.

[보기]

한국 사람 / 말하다

A : 스티븐 씨는 한국말을 잘해요?

B : 네, <u>한국 사람처럼 말해요</u>.

1)

여름 / 덥다

A : 오늘 날씨가 덥지요?

B : 네, 봄인데 ______________________________.

2)

그림 / 아름답다

A : 경치가 좋지요?

B : 네, 정말 ______________________________.

3)

시계 / 정확하다*

A : 줄리앙 씨는 약속 시간을 잘 지켜요*?

B : 네, ______________________________.

4)

모델 / 키가 크다

A : 나나 씨 친구는 키가 커요?

B : 네, ______________________________.

5)

우리 집 / 편하다

A : 어제도 친구 집에 갔어요?

B : 네, 그 친구 집은 ______________________________.

정확하다 to be accurate　시간을 지키다 to keep time

연습 2 [보기]와 같이 빈칸에 알맞은 단어를 골라 문장을 만들어 보세요.

Complete each sentence using the word from the box as shown in the example.

생각 새 아이 영화 바다 가족

[보기] 매일 운동하는 것은 __생각__ 처럼 쉽지 않아요.

1) 저는 __________처럼 하늘을 날고* 싶어요.

2) 나나 씨는 웃는 모습*이 귀여워요. 웃을 때 __________처럼 웃어요.

3) 민수와 저는 아주 친해요. 어릴 때부터 __________처럼 지냈어요.

4) 우리 아버지는 마음이 __________처럼 넓어요*.

5) 그 두 사람은 __________처럼 아름다운 사랑을 했어요.

연습 3 여러분은 부러운 사람이 있습니까? 그 사람의 어떤 점이 부러운지 [보기]와 같이 써 보세요.

Do you envy someone? Write why you envy them as shown in the example.

[보기] 저는 샤오밍 씨처럼 운동을 잘했으면 좋겠어요.

1) ______________________________.

2) ______________________________.

3) ______________________________.

4) ______________________________.

5) ______________________________.

날다 to fly 모습 figure 마음이 넓다 to be big hearted

3. A-(으)ㄴ 편이다, V-는 편이다

연 습 1 그림을 보고 [보기]와 같이 대화를 만들어 보세요.

Look at the pictures and complete each dialogue as shown in the example.

[보기]

맛있다

A : 저 식당 어때요?

B : 값은 좀 비싸지만 <u>맛있는 편이에요</u>.

1)

넓다

A : 새로 이사 간 집은 어때요?

B : 집이 깨끗하고 ______________________.

2)

꼼꼼하다

A : 켈리 씨, 나나 씨 성격이 어때요?

B : 여성적이고 ______________________.

3)

전화하다

A : 샤오밍 씨는 부모님께 자주 연락해요?

B : 네, 자주 ______________________.

4)

안 먹다

A : 보통 아침을 드세요?

B : 아니요, 시간이 없어서 잘 ______________________.

5)

만들다

A : 마리코 씨는 무슨 음식을 자주 만들어요?

B : 불고기를 자주 ______________________.

연 습 2 [보기]와 같이 이야기해 보세요.

Answer each question as shown in the example.

[보기]

1) 운동을 열심히 해요?

2) 책을 많이 읽어요?

3) 걱정을 많이 해요?

4) 커피를 많이 마셔요?

5) 매운 음식을 좋아해요?

6) 영화를 자주 봐요?

연 습 3 다음을 읽고 자기에게 맞는 것에 ✓ 한 후 건강 점수를 확인해 보세요.

Read the following and check the one that applies to you. What's your total score?

질문	그런 편이다	그렇지 않은 편이다	전혀 그렇지 않다
1) 잘 웃는 편입니다.	2	1	0
2) 먹는 것을 좋아하는 편입니다.	2	1	0
3) 운동을 열심히 하는 편입니다.	2	1	0
4) 일찍 자고 일찍 일어나는 편입니다.	2	1	0
5) 주말에는 일하지 않고 쉬는 편입니다.	2	1	0
6) 잠을 잘 못 자는 편입니다.	0	1	2
7) 커피를 많이 마시는 편입니다.	0	1	2
8) 걱정을 많이 하는 편입니다.	0	1	2
9) 짠 음식을 좋아하는 편입니다.	0	1	2
10) 스트레스를 질 받는 편입니다.	0	1	2

*** 건강 점수**

20점 ~ 12점

아주 건강하시군요. 지금처럼만 하면 앞으로도 계속 건강한 생활을 할 수 있을 것입니다.

11점 ~ 6점

건강한 편입니다. 하지만 지금보다 자기의 건강에 대해 생각하고 조심하는 것이 좋겠습니다.

5점 ~ 0점

건강이 좋지 않은 편이군요. 앞으로 건강을 위해서 운동을 한번 해 보시는 게 어때요?

4. A-게

연 습 1 그림을 보고 [보기]와 같이 문장을 만들어 보세요.
Look at the pictures and complete each dialogue as shown in the example.

[보기]

A : 머리를 어떻게 해 드릴까요?

B : 좀 <u>짧게</u> 자르고* 싶은데요.

1) 

A : 치마 새로 샀네요. 요즘 옷값이 비싸지요?

B : 네. 그런데 세일을 해서 ____________ 샀어요.

2) 

A : 늦어서 죄송합니다.

B : 내일은 시험이 있으니까 ____________ 오지 마세요.

3) 

A : 선생님, 글자가 작아서 잘 안 보여요.

좀 ____________ 써 주세요.

B : 네, 다시 써 줄게요.

4) 

A : 스티븐 씨는 말을 ____________ 해요.

B : 맞아요. 스티븐 씨와 이야기하면 재미있어요.

5) 

A : 지금 밖의 날씨가 어때요?

B : 아주 추워요. 옷을 ____________ 입으세요.

6) 

A : 요즘 어떻게 지내요?

B : 일이 많아서 좀 ____________ 지내요.

자르다 to cut

연 습 2 A, B, C에서 하나씩 골라 [보기]와 같이 문장을 만들어 보세요.

Select one from each group A, B and C, and make sentences as shown in the example.

A	B	C
옷	크다	먹다
손	예쁘다	입다
책	멋있다	씻다
음식	맛있다	읽다
이름	재미있다	그리다
그림	깨끗하다	말하다
______	______	______

[보기] 옷을 멋있게 입어요.

1) ______________________________.

2) ______________________________.

3) ______________________________.

4) ______________________________.

5) ______________________________.

6) ______________________________.

연 습 3 빈칸에 알맞는 단어를 골라 쓰세요.

Complete each sentence using the appropriate adverb from the box.

많이	빨리	멀리	천천히	열심히

1) 시간이 없으니까 __________ 오세요.

2) 내일 시험이라서 __________ 공부했어요.

3) 너무 __________ 먹어서 배가 불러요*.

4) 마리코 씨가 __________ 이사를 가서 요즘 자주 못 만나요.

5) 죄송하지만 좀 __________ 말씀해 주세요. 무슨 말인지 잘 못 들었어요.

배가 부르다 to have a full stomach

문형 연습 Pattern Practice

track 4

연 습 1

[보기] 선생님(T) 옷, 편하다
학 생(S) 옷이 편해 보여요.

1. T 성격, 좋다

   S ______________________________.

2. T 키, 크다

   S ______________________________.

3. T 영화, 재미있다

   S ______________________________.

4. T 문제, 어렵다

   S ______________________________.

연 습 2

[보기] 선생님(T) 스티븐 씨는 친구가 많지요?
학 생(S) 네, 저도 스티븐 씨처럼 친구가 많았으면 좋겠어요.

1. T 마리코 씨는 요리를 잘하지요?

   S ______________________________.

2. T 켈리 씨는 성격이 활발하지요?

   S ______________________________.

3. T 줄리앙 씨는 기타를 잘 치지요?

   S ______________________________.

4. T 샤오밍 씨는 키가 크지요?

   S ______________________________.

연 습 3

[보기] **선생님**(T) 지금 도서관에 사람이 많아요?
학 생(S) 네, 많은 편이에요.

1. T 이 식당은 음식값이 비싸요?

   S 네, ______________________.

2. T 집이 조용해요?

   S 네, ______________________.

3. T 요즘 공부 열심히 하세요?

   S 네, ______________________.

4. T 이 책이 재미있어요?

   S 네, ______________________.

연 습 4

[보기] **선생님**(T) 영화 잘 봤어요?
학 생(S) (재미있다) 네, 재미있게 봤어요.

1. T 저녁 잘 먹었어요?

   S (맛있다) ______________________.

2. T 옷 잘 샀어요?

   S (싸다) ______________________.

3. T 집 잘 구했어요?

   S (쉽다) ______________________.

4. T 청소 잘했어요?

   S (깨끗하다) ______________________.

복습 4

어휘와 문법 Vocabulary and Grammar

1. 정리하기

어휘

10과	김치찌개 된장찌개 순두부찌개 감자탕 매운탕 설렁탕 냉면 칼국수 비빔국수 삼겹살 떡갈비 갈비찜	달다 짜다 쓰다 시다 맵다	맛 값 교통 서비스 분위기
11과	속이 안 좋다 몸살이 나다 다리를 다치다 소화가 안되다 배탈이 나다 토하다 어지럽다 멀미를 하다 얼굴에 뭐가 나다 입맛이 없다 기운이 없다 잠을 잘 못 자다	내과 안과 치과 피부과 정형외과 이비인후과	감기약 두통약 멀미약 소화제 해열제 안약 파스 연고 (약을) 먹다 (안약을) 넣다 (파스를) 붙이다 (연고를) 바르다
12과	눈이 크다[작다] 눈썹이 진하다[연하다] 쌍꺼풀이 있다[없다] 코가 높다[낮다] 입이 크다[작다] 입술이 두껍다[얇다] 이마가 넓다[좁다] 어깨가 넓다[좁다] 키가 크다[작다]	활발하다 내성적이다 꼼꼼하다 남성적이다 여성적이다 성격이 급하다	

문법

10과	N 중에(서)	지금까지 여행해 본 곳 **중에서** 어디가 제일 좋았어요?
	반말	지금 뭐 **해**? – 숙제하는 중**이야**.
	V–(으)ㄹ래요	히엔 씨도 같이 **갈래요**? – 저는 안 **갈래요**.
	A–(으)ㄴ데 V–는데 N인데	이 식당은 분위기는 좋**은데** 값이 좀 비싸요. 축구는 잘하**는데** 농구는 못해요. 여름**인데** 덥지 않아요.
11과	'ㅅ' 불규칙	감기에 걸렸는데 잘 안 **나아요**.
	N마다	저는 아침**마다** 운동을 해요.
	V–는 게 어때요?	좀 비싼 것 같은데 다른 가게에 가 보**는 게 어때요**?
	V–기로 하다	주말에 친구랑 여행 가**기로 했어요**.
12과	A–아/어 보이다	무슨 좋은 일 있어요? 기분이 좋**아 보이네요**.
	N처럼[같이]	한국 사람**처럼** 한국어를 잘했으면 좋겠어요.
	A–(으)ㄴ 편이다 V–는 편이다	이 식당은 음식이 맛있지만 좀 비**싼 편이에요**. 저는 일찍 자**는 편이에요**.
	A–게	어제 친구들과 재미있**게** 놀았어요.

2. 확인하기

알아보기 밑줄 친 부분을 맞게 고쳐 보세요.

제 동생은 인형 같은 예뻐요.

→

제 동생은 인형처럼이에요.

→

연습 맞는 문장에는 O, 틀린 문장에는 X 하세요. 틀린 문장은 틀린 곳을 찾아 바르게 고쳐 보세요.

1. 우리 엄마는 영화배우같이 예쁘세요. ( )

→

2. 겨울인데 봄 같은 날씨예요. ( )

→

3. 내 친구는 저를 잘 도와줘서 언니처럼이에요. ( )

→

4. 한국 사람처럼 한국어를 잘하고 싶어요. ( )

→

5. A : 내년에도 한국어를 계속 공부할 거예요?
   B : 네, 한국 사람 같은 잘했으면 좋겠어요. ( )

→

3. 평가하기

제한 시간 20분 | 내 점수 : / 20

[1-2] 밑줄 친 것과 의미가 같은 것을 고르세요.

1. A : 누구 사진이에요? 얼굴이 비슷한데 동생인가요?
   B : 동생이 아니고 친구예요.

   ① 말랐는데 ② 괜찮은데 ③ 새로운데 ④ 닮았는데

2. A : 시간이 없는데 피자를 시킬까요?
   B : 네, 좋아요. 무슨 피자 먹을래요?

   ① 주문하다 ② 추천하다 ③ 정리하다 ④ 소개하다

[3-4] 밑줄 친 것과 의미가 반대되는 것을 고르세요.

3. A : 이 옷을 입으면 좀 뚱뚱해 보일 것 같아요.
   B : 아니에요. 이런 옷을 입으면 더 ( ) 보여요.

   ① 얇아 ② 좁아 ③ 두꺼워 ④ 날씬해

4. A : 마리코 씨 언니도 여성적인 성격이에요?
   B : 아니요, 언니는 저하고 아주 달라요. 아주 ( ).

   ① 꼼꼼해요 ② 조용해요 ③ 남성적이에요 ④ 내성적이에요

[5-10]　(　　　)에 알맞은 것을 고르세요.

5. A : 찌개가 조금 싱겁지 않아? 소금을 좀 더 넣는 게 어때?
   B : 그냥 먹자. 너무 (　　　　　) 먹으면 건강에 나빠.

   ① 달게　② 시게　③ 짜게　④ 맵게

6. A : 아키라 씨, 책상 정리를 참 잘하시네요.
   B : 제가 좀 (　　　　　) 편이라서 정리하는 것을 좋아해요.

   ① 급한　② 조용한　③ 답답한　④ 꼼꼼한

7. A : 요즘 소화가 안되고 배가 자주 아픈데 근처에 (　　　　　)가 있어요?
   B : 네, 학교 근처에 좋은 병원이 있어요.

   ① 안과　② 내과　③ 피부과　④ 정형외과

8. A : 공부할 때 항상 커피를 마셔요?
   B : 네, 저는 공부할 때마다 커피를 마시는 (　　　　　)이 있어요.

   ① 생각　② 습관　③ 경험　④ 성격

9. A : 왜 점심을 안 먹어요? 배고프지 않아요?
   B : 배탈이 (　　　　　) 못 먹겠어요.

   ① 나서　② 다쳐서　③ 있어서　④ 걸려서

10. A : 한국 음식이 입에 잘 (　　　　　)?
    B : 네, 한국 음식이 고향 음식과 많이 비슷해요.

    ① 좋아요　② 맞아요　③ 어울려요　④ 괜찮아요

[11-12]　틀린 문장을 고르세요.

11. ① 저녁에 저한테 전화해.
    ② 스티븐, 오늘 뭐 할 거야?
    ③ 오늘은 바쁘니까 만나지 말자.
    ④ 미안해, 시간이 없어서 같이 못 가.

12. ① 눈이 좀 부은 것 같아요.
    ② 예쁜 한국 이름을 짓고 싶어요.
    ③ 설탕을 넣었으니까 잘 저어서 드세요.
    ④ 저녁에 감기약을 먹었는데 안 낫아요.

[13-14] (   )에 알맞은 것을 고르세요.

13. A : 오늘 점심에 뭐 먹을래요?
B : (   )?

① 비빔밥이라고 해요
② 비빔밥 먹기로 했어요
③ 비빔밥 먹는 게 어때요
④ 비빔밥 만들 줄 몰라요

14. A : 줄리앙 씨, 오늘 좀 (   ).
B : 네, 좀 피곤해요. 어제 잠을 잘 못 잤어요.

① 피곤한데요
② 피곤해 보어요
③ 피곤할 거예요
④ 피곤한 편이에요

[15-16] (   )에 알맞은 것을 고르세요.

15. A : 왜 이렇게 일찍 가요?
B : 친구랑 한 시간 후에 (   ) 지금 출발해야 돼요.

① 만날 때
② 만나려고
③ 만나고 나서
④ 만나기로 해서

16. A : 맛이 없어요? 왜 이렇게 조금 먹어요?
B : 맛은 (   ) 점심을 늦게 먹어서 배가 불러요.

① 있고
② 있어서
③ 있는데
④ 있으니까

[17-18] 다음을 읽고 질문에 답하세요.

A : 마리코 씨, 한국 음식 (㉠) 뭘 제일 좋아해요?
B : 저는 잡채와 불고기를 좋아해요.
A : 매운 음식은 잘 못 먹어요?
B : 아니요, 잘 먹는 편이에요. 특히 김치볶음밥을 아주 좋아해요.
A : 그럼 오늘 점심에 김치볶음밥 먹으러 갈래요? 제가 살게요.
B : 아니에요. 지난번에 줄리앙 씨가 (㉡) 오늘은 제가 살게요.

17. ㉠에 알맞은 것을 고르세요.
① 중에서 ② 대해서 ③ 위해서 ④ 때문에

18. ㉡에 알맞은 것을 고르세요.
① 내려고 ② 내면서 ③ 냈으면 ④ 냈으니까

[19-20] 다음을 읽고 질문에 답하세요.

저는 형과 닮은 점이 별로 없습니다. 우리는 외모도 다르고 성격도 다릅니다. 형은 집에 있는 것을 (㉠) 저는 밖에서 운동하는 것을 좋아합니다. 또 저는 고기를 잘 먹지만 형은 고기를 별로 (㉡). 하지만 같은 점도 있습니다. 우리는 둘 다 액션 영화를 좋아해서 같이 영화를 보러 자주 갑니다.

19. ㉠에 알맞은 것을 고르세요.
① 좋아해서 ② 좋아하니까 ③ 좋아하는데 ④ 좋아하려면

20. ㉡에 알맞은 것을 고르세요.
① 좋지 않습니다 ② 안 먹기로 했습니다
③ 먹지 않은 것 같습니다 ④ 좋아하지 않는 편입니다

듣기 Listening

track 5　　내 점수 :　　/ 15

[1-2] 잘 듣고 알맞은 그림을 고르세요.

1.

①

②

③

④

2.

①
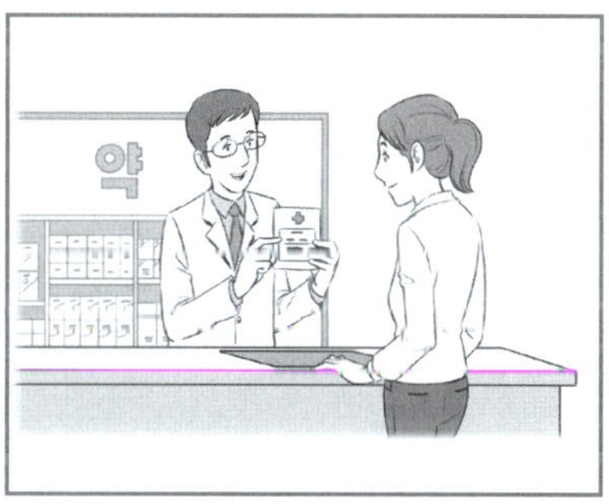

②

③

④

[3–7] **잘 듣고 맞는 대화를 고르세요.**

3. ① ② ③ ④
4. ① ② ③ ④
5. ① ② ③ ④
6. ① ② ③ ④
7. ① ② ③ ④

[8–9] **다음은 무엇에 대해 말하고 있습니까?**

8. ① 직업 ② 외모 ③ 성격 ④ 습관
9. ① 건강 ② 취미 ③ 분위기 ④ 이상형

[10–11] **잘 듣고 대화 내용과 같은 것을 고르세요.**

10. ① 두 사람은 지금 병원에 있습니다.
② 남자는 약을 사러 가려고 합니다.
③ 여자는 아파서 점심을 못 먹었습니다.
④ 여자는 약을 먹었지만 계속 아픕니다.

11. ① 지금 계절은 여름입니다.
② 남자는 비빔국수를 시켰습니다.
③ 여자는 지금 하나빌딩에 있습니다.
④ 이 식당은 배달을 해 주지 않습니다.

[12-13] 잘 듣고 질문에 맞는 답을 고르세요.

12. 유진과 스티븐이 싸운 이유는 무엇입니까?
   ① 두 사람의 성격이 비슷해서
   ② 유진이 물건을 비싸게 사서
   ③ 스티븐이 시계를 잃어버려서
   ④ 스티븐이 생일 선물을 안 줘서

13. 유진의 성격으로 맞지 않는 것은 무엇입니까?
   ① 꼼꼼하다
   ② 내성적이다
   ③ 성격이 급하다
   ④ 말이 별로 없다

[14-15] 잘 듣고 질문에 맞는 답을 고르세요.

14. 여자는 왜 토요일에 명동에 갔습니까?
   ① 정우를 만나려고
   ② 오빠와 쇼핑을 하러
   ③ 부모님 선물을 사려고
   ④ 친구와 약속이 있어서

15. 정우의 누나에 대한 설명으로 맞지 않는 것은 무엇입니까?
   ① 성격이 여성적입니다.
   ② 정우와 친하게 지냅니다.
   ③ 나이보다 어려 보입니다.
   ④ 정우보다 네 살 더 많습니다.

읽기와 쓰기 Reading and Writing

제한 시간 20분　　내 점수 :　　/ 16

[1–2] 다음을 읽고 맞지 않는 것을 고르세요.

1.

〈메뉴〉

메뉴	가격
된장찌개	5,000원
순두부찌개	6,000원
갈비탕	8,000원
불고기(2인분)	15,000원

* 불고기는 2인분부터 주문받습니다.
* 음식을 주문하시면 음료(커피, 콜라)를 드립니다.
* 만 원 이상 배달됩니다.

① 음식 중에서 된장찌개가 제일 쌉니다.
② 순두부찌개 한 그릇은 배달이 안 됩니다.
③ 음식을 먹으면 커피나 콜라를 싸게 줍니다.
④ 불고기를 먹으려면 2인분 이상 시켜야 합니다.

2.

<서울치과>

❖ 진료 시간

평일　: 오전 10:00 ~ 오후 6:00
토요일 : 오전 10:00 ~ 오후 1:00
(점심시간 : 오후 1:00 ~ 오후 2:00)

* 토요일에는 예약하신 분만 진료를 받을 수 있습니다.
* 일요일과 휴일은 쉽니다.

① 휴일에는 병원 문을 열지 않습니다.
② 오후 진료는 한 시부터 시작합니다.
③ 이 병원은 이가 아플 때 가는 병원입니다.
④ 토요일에는 미리 예약한 사람만 갈 수 있습니다.

[3-4] 다음을 읽고 글의 내용과 같은 것을 고르세요.

3. 건강하게 살기 위해서 몸에 좋은 약이나 특별한 음식을 먹는 사람들이 많습니다. 그러나 제일 좋은 방법은 운동하는 것입니다. 여러 가지 운동이 있지만 그중에서 테니스나 축구처럼 여러 사람이 같이하는 운동이 건강에 더 좋습니다. 그리고 집 안에서 하는 것보다 집 밖에서 하는 운동이 더 좋습니다.

① 혼자 운동하는 것은 별로 좋지 않습니다.
② 운동 중에서 테니스가 제일 좋은 운동입니다.
③ 운동하는 것보다 잘 먹는 것이 더 중요합니다.
④ 집 안보다 밖에 나가서 하는 운동이 더 좋습니다.

4. 저는 언니가 한 명 있습니다. 언니는 저보다 한 살 많은데 저와 키도 비슷하고 얼굴도 비슷합니다. 우리는 어머니를 닮아서 둘 다 눈이 크고 눈썹이 진합니다. 그리고 아버지를 닮아서 둘 다 성격이 활발한 편입니다. 언니와 싸울 때도 있지만 같이 있으면 재미있는 일이 많습니다. 저는 친구 같은 언니가 있어서 참 좋습니다.

① 이 사람은 언니와 성격이 다릅니다.
② 이 사람은 눈이 아버지를 닮았습니다.
③ 이 사람은 언니와 친구처럼 지냅니다.
④ 이 사람은 키가 작지만 언니는 큰 편입니다.

[5-6] 다음을 읽고 질문에 답하세요.

어제 저녁을 먹고 나서 배가 조금씩 아팠습니다. (㉠) 밤에도 계속 아파서 잠을 잘 못 잤습니다. (㉡) 약사에게 이야기를 하고 약을 사서 먹었는데 아직도 몸이 좋지 않습니다. (㉢) 오후에 친구와 약속이 있는데 못 갈 것 같습니다. (㉣) 그래서 친구에게 연락을 하고 집에서 푹 쉬기로 했습니다.

5. ㉠~㉣ 중에서 다음 문장이 들어갈 곳을 고르세요.

그래서 오늘 아침에 약국에 갔다 왔습니다.

① ㉠ ② ㉡ ③ ㉢ ④ ㉣

6. 이 글의 내용과 같은 것을 고르세요.
① 어제 아침부터 소화가 안됐습니다.
② 약을 사 먹었지만 낫지 않았습니다.
③ 너무 아파서 밤에 병원에 갔습니다.
④ 이 사람은 오늘 친구를 만날 것입니다.

[7-8] 다음을 읽고 질문에 답하세요.

저는 매운 음식을 좋아하는 편입니다. 우리 고향 음식도 매운 음식이 많아서 한국 음식이 입에 잘 맞습니다. 제가 특히 좋아하는 음식은 떡볶이인데 우리 고향 음식과 맛이 비슷해서 더 좋습니다. 기회가 있으면 한국 친구들에게 우리 고향 음식을 소개해 주고 싶습니다. 제가 (㉠) 한국 친구들도 우리 고향 음식을 좋아할 것 같습니다.

7. ㉠에 들어갈 알맞은 것을 고르세요.
① 매운 음식을 좋아해서
② 고향 음식을 소개해 줘서
③ 한국 음식을 잘 만드니까
④ 한국 음식을 잘 먹는 것처럼

8. 이 글의 내용과 같은 것을 고르세요.
① 이 사람이 제일 잘 만드는 음식은 떡볶이입니다.
② 이 사람은 고향 친구들에게 떡볶이를 소개했습니다.
③ 이 사람은 한국 친구들에게 고향 음식을 해 주었습니다.
④ 이 사람의 고향에는 한국 음식처럼 매운 음식이 많습니다.

[9-10] 다음을 읽고 질문에 답하세요.

저는 작년에 혼자 한국에 왔습니다. 처음에는 한국 문화도 잘 모르고 친구도 없어서 좀 힘들었습니다. 그때 제 룸메이트인 지연 씨가 저를 아주 친절하게 도와주었습니다. 제가 한국말을 잘 못했는데 제 말을 잘 들어 주고 한국말도 가르쳐 주었습니다. 1년이 지난 지금 저는 한국에서 즐겁게 살고 있습니다. 다른 한국 친구도 많이 사귀었습니다. (㉠) 저의 가장 좋은 친구는 지금도 지연 씨입니다. 저도 지연 씨가 힘들 때 도와줄 수 있는 친구가 되고 싶습니다.

9. ㉠에 들어갈 알맞은 것을 고르세요.
① 그러면　② 그래서　③ 그렇지만　④ 그러니까

10. 이 글의 내용과 같은 것을 고르세요.
① 이 사람은 요즘 한국 생활이 좀 힘듭니다.
② 이 사람은 지연 씨와 같은 방을 썼습니다.
③ 이 사람은 지연 씨를 많이 도와주었습니다.
④ 이 사람은 올해 지연 씨를 처음 만났습니다.

[11-15] **빈칸에 알맞은 것을 골라 대화를 만들어 보세요.**

-(으)ㄹ래요 -기로 하다 -아/어 보이다
-(으)ㄴ데 -는데 -(으)ㄴ편이다 -는 편이다

11. A : 아키라 씨, 오늘 시간 있으면 같이 ____________________?

    B : 아, 미안해요. 오늘은 회사 일 때문에 좀 바빠요.

12. A : 고향 음식은 한국 음식과 어떻게 달라요?

    B : ____.

13. A : 아키라, 무슨 일 있어? ____________________.

    B : 어제 잠을 좀 못 자서 그래.

14. A : 나나 씨는 성격이 어때요?

    B : ____.

15. A : 방학에 특별한 계획이 있어?

    B : 응, ____.

[16] **다음 글을 읽고 ( )에 알맞은 말을 쓰세요.**

요즘 입맛이 없어서 밥을 잘 못 먹습니다. 보통 때는 괜찮은데 아침에 일어날 때 조금 어지럽습니다. 부모님이 너무 걱정을 하셔서 내일 부모님과 함께 병원에 한번 ( ) 했습니다.

[17] **질문을 잘 읽고 200~300자로 글을 쓰세요.**

여러분의 가장 친한 친구는 누구입니까? 그 사람의 외모와 성격은 어떻습니까?
여러분의 친구에 대해 써 보세요.

발음 Pronunciation

1. 잘 들어 보세요. track 6

1. 오늘 저녁에 바빠요?
2. 내일은 시간이 없어서 못 올 것 같습니다.
3. 형과 저는 별로 닮지 않았어요.

2. 잘 듣고 발음에 주의하여 읽어 보세요. track 7

1. 주말에 어디에 갈래요?
2. 방학에 고향에 돌아가요?
3. 이 음식은 정말 맛없어요.
4. 얼굴은 아버지를 닮고, 성격은 어머니를 닮았어요.

3. 친구와 연습해 보세요. track 8

1. A : 제 첫인상이 어땠어요?
   B : 좀 조용해 보였어요.
2. A : 시험공부 다 했어요?
   B : 아니요, 단어를 아직 다 못 외웠어요.
3. A : 봄 학기가 몇 월에 시작해요?
   B : 삼월에 시작해요.
4. A : 스티브 씨는 형하고 많이 닮았어요?
   B : 아니요, 별로 닮지 않았어요.

말하기 Speaking

1. 주사위를 던져서 나온 숫자에 해당하는 질문을 읽고 친구들에게 이야기해 보세요.

여러분은 자주 가는 식당이 있습니까?

그 식당의 좋은 점과 나쁜 점을 소개해 주세요.

여러분 나라에도 김치처럼 매일 먹는 음식이 있습니까?

친구들에게 소개해 주세요.

여러분은 특별히 닮고 싶은 사람이 있습니까?

그 사람의 어떤 점을 닮고 싶은지 이야기해 보세요.

우리 반 친구들의 첫인상은 어땠습니까?

성격이 어떨 것 같았습니까? 이야기해 보세요.

여러분 나라에서는 배가 아프거나 감기에 걸리면 보통 어떻게 합니까?

특별히 먹는 음식이 있습니까?

여러분의 생활 습관 중에서 고치고 싶은 나쁜 습관이 있습니까?

이야기해 보세요.

2. A와 B가 되어 이야기해 보세요.

이번 주말에 친구와 함께 유명한 식당에 가서 밥도 먹고 재미있는 영화도 보고 싶습니다. 그래서 친구에게 전화를 걸어서 같이 주말 계획을 세우려고 합니다.

이번 주말에 특별한 계획이 없습니다. 그런데 친구에게서 전화가 왔습니다. 같이 주말에 할 일을 이야기하려고 합니다.

13 주변이 조용해서 살기 좋아요

Living conditions are good because the neiborhood is quiet

어 휘

- 주거
  Living
- 생활비
  Living expenses

문법과 표현

- A/V-(으)ㄹ지 모르겠다
- A/V-기는 하지만
- A/V-기 때문에, N(이)기 때문에
- V-기(가) A

문형 연습

어 휘 Vocabulary

연 습 1 그림을 보고 [보기]와 같이 알맞은 것을 골라 문장을 만들어 보세요.

Look at the pictures and complete each sentence using the appropriate expression from the box as shown in the example.

방이 넓다	방값이 싸다	새로 지었다	시설이 잘되어 있다
교통이 편리하다	주변이 조용하다	전망이 좋다	집주인이 좋다

[보기]

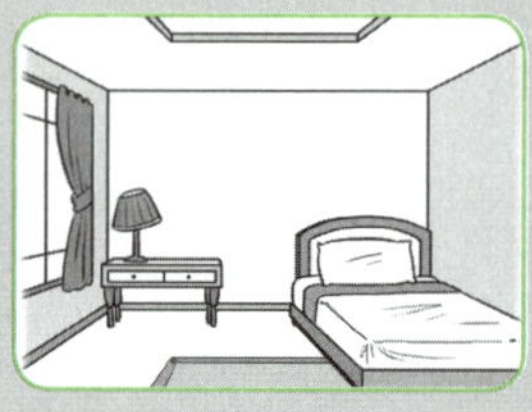

이 집은 깨끗하고 방이 넓습니다.

1)

이 집은 ______________________. 가구와 에어컨이 있고 인터넷도 이용할 수 있습니다.

2)

이 집은 얼마 전에 ______________________ 아주 깨끗합니다.

3)

이 집은 도로*에서 떨어진* 곳에 있어서 ______________________.

4)

이 집은 앞에 한강이 있어서 ______________________.

5)

이 집은 ______________________. 지하철역까지 5분밖에 안 걸립니다.

도로 road 떨어지다 to be far away

연 습 2 맞는 것끼리 연결하세요.

Match each picture with the correct word.

1)  • • ① 전기 요금

2)  • • ② 가스 요금

3)  • • ③ 수도 요금

4)  • • ④ 전화 요금

5)  • • ⑤ 집세

6)  • • ⑥ 교통비

7)  • • ⑦ 식비

문법과 표현 Grammar and Expression

1. A/V-(으)ㄹ지 모르겠다

연 습 1 [보기]와 같이 문장을 만들어 보세요.
Make sentences as shown in the example.

[보기]　내일, 날씨, 좋다 → 내일 날씨가 좋을지 모르겠어요.

1) 이 케이크, 맛있다 → ______________________.

2) 유진 씨, 오늘, 학교에 오다 → ______________________.

3) 이 옷, 동생, 맞다 → ______________________.

4) 나나 씨, 이 선물, 좋아하다 → ______________________.

연 습 2 그림을 보고 [보기]와 같이 문장을 만들어 보세요.
Look at the pictures and complete each sentence as shown in the example.

[보기]

내일 회사 면접이 있는데 잘 볼 수 있을지 모르겠어요.

1)

내일 산에 가기로 했는데 ______________________

______________________.

2)

12시 기차를 타야 하는데 ______________________

______________________.

3)

싸고 좋은 집을 구하고* 싶은데 ______________________

______________________.

4)

담배를 끊어야 하는데 ______________________

______________________.

구하다 to find; to seek

연 습 3 그림을 보고 [보기]와 같이 대화를 만들어 보세요.

Look at the pictures and complete each dialogue as shown in the example.

[보기]

A : 주말에 친구하고 어디에 갈 거예요?

B : 글쎄요. <u>어디에 갈지 잘 모르겠어요</u>.

1) 

A : 뭘 살 거예요?

B : 글쎄요. ______________________________.

2) 

A : 켈리 씨 생일 선물로 뭐가 좋을까요?

B : 글쎄요. 저도 켈리 씨 생일 선물로 __________

______________________________.

3) 

A : 오늘 파티에 몇 명이 올까요?

B : 글쎄요. ______________________________.

4) 

A : 유진 씨를 언제 만날 거예요?

B : 글쎄요. 유진 씨가 바빠서 __________________

______________________________.

5) 

A : 오늘 몇 시에 퇴근할 수 있어요?

B : 글쎄요. 일이 많아서 __________________

______________________________.

6) 

A : 요즘 줄리앙 씨가 많이 힘든 것 같아요. 줄리앙 씨를 어떻게 도와줄 수 있을까요?

B : 글쎄요. 저도 도와주고 싶은데 __________________

______________________________.

2. A/V-기는 하지만

연 습 1 그림을 보고 [보기]와 같이 대화를 만들어 보세요.
Look at the pictures and complete each dialogue as shown in the example.

[보기]

재미있다 / 좀 어렵다

A : 한국어로 드라마 보는 것이 어려워요?

B : 네, 재미있기는 하지만 좀 어려워요.

1) 

좀 멀다 / 마음에 들다

A : 새로 이사 간 집은 마음에 들어요?

B : 네, ______________________________.

2) 

좋아하다 / 잘 못하다

A : 수영 잘해요?

B : 아니요, ______________________________.

3) 

예쁘다 / 너무 비싸다

A : 이 가방 살 거예요?

B : 아니요, ______________________________.

4) 

기침을 좀 하다 / 괜찮다

A : 지금도 많이 아파요?

B : 아니요, ______________________________.

5) 

좀 맵다 / 맛있다

A : 음식이 입에 맞아요?

B : 네, ______________________________.

6) 

먹다 / 좋아하지는 않다

A : 떡볶이 좋아해요?

B : 아니요, ______________________________.

연 습 2 [보기]와 같이 대화를 만들어 보세요.

Complete each dialogue as shown in the example.

[보기] A : 운동 자주 하세요?

B : <u>운동하는 것을 좋아하기는 하지만 요즘 바빠서 자주 못 해요</u>.

1) A : 영화 자주 보세요?

B : ______________________________.

2) A : 요리 잘해요?

B : ______________________________.

3) A : 지금 사는 집이 어때요?

B : ______________________________.

4) A : 우리 반 학생들이 어때요?

B : ______________________________.

연 습 3 [보기]와 같이 알맞은 것을 고르세요.

Circle the correct form as shown in the example.

[보기] 김치가 맛있기는 (하겠지만, (하지만), 했지만) 좀 매워요.

1) 내일도 오늘처럼 춥기는 (하겠지만, 하지만, 했지만) 눈은 안 올 거예요.

2) 어제 학교에 가기는 (하겠지만, 하지만, 했지만) 아파서 일찍 왔어요.

3) 한국 신문을 매일 읽기는 (하겠지만, 하지만, 했지만) 모르는 단어가 많아요.

4) 이 시계를 사 주면 동생이 좋아하기는 (하겠지만, 하지만, 했지만) 너무 비싸서 못 사겠어요.

3. A/V-기 때문에, N(이)기 때문에

연 습 1 그림을 보고 [보기]와 같이 대화를 만들어 보세요.

Look at the pictures and complete each dialogue as shown in the example.

[보기]

시험이 있다

A : 오늘 시간 있으면 같이 영화 볼래요?

B : 미안해요, 다음 주에 <u>시험이 있기 때문에</u> 공부해야 돼요.

1) 

길이 복잡하다

A : 늦었는데 택시를 탈까요?

B : 이 시간에는 ______________________ 지하철을 타는 게 더 좋아요.

2) 

관리비가 싸다

A : 새로 이사 간 집은 어때요?

B : ______________________ 생활비가 적게* 들어서 좋아요.

3) 

문화가 다르다

A : 켈리 씨 고향은 한국과 많이 다르지요?

B : 네, 우리 나라와 ______________________ 재미있는 일이 많아요.

4) 

학교 근처에서 살다

A : 저는 집이 멀어서 교통비가 많이 들어요. 샤오밍 씨는 어때요?

B : 전 ______________________ 교통비가 많이 안 들어요.

5) 

계약*이 끝나다

A : 언제까지 집을 구해야 해요?

B : 6월에 ______________________ 그 전에 구해야 해요.

적다 to be few; little　계약 contract

연 습 2 [보기]와 같이 문장을 만들어 보세요.

Complete each sentence as shown in the example.

[보기] 우리 집은 학교에서 가깝기 때문에 걸어서 갈 수 있어요.

1) ________________________ 스트레스를 받아요.

2) ________________________ 교통이 복잡해요.

3) ________________________ 연락을 못 해요.

4) ________________________ 좀 피곤해요.

5) ________________________ 공기*가 맑아요.

연 습 3 [보기]와 같이 알맞은 것을 고르세요.

Circle the correct phrase as shown in the example.

[보기] 저는 이번 주가 (휴가 때문에, (휴가이기 때문에)) 회사에 안 가요.

1) 요즘 (일 때문에, 일이기 때문에) 너무 바빠요.

2) (집주인 때문에, 집주인이기 때문에) 이사하고 싶어요.

3) 어제 (숙제 때문에, 숙제이기 때문에) 늦게 잤어요.

4) 여기는 (도서관 때문에, 도서관이기 때문에) 조용히 해야 돼요.

5) (주말 저녁 때문에, 주말 저녁이기 때문에) 극장에 사람이 많을 거예요.

6) 어제 내린 (눈 때문에, 눈이기 때문에) 길이 미끄러워요*.

7) 지금은 (세일 기간 때문에, 세일 기간이기 때문에) 백화점에 사람이 아주 많을 거예요.

공기 air 미끄럽다 to be slippery

4. V-기(가) A

연 습 1 그림을 보고 [보기]와 같이 문장을 만들어 보세요.

Look at the pictures and complete each sentence as shown in the example.

[보기]

살다 / 좋다

집이 넓어서 살기 좋아요.

1)

산책하다 / 좋다

공원이 가까워서 ______________________.

2)

집 찾다 / 쉽다

마리코 씨 집은 아파트라서 ______________________.

3)

읽다 / 어렵다

이 책은 모르는 단어가 많아서 ______________________.

4)

연락하다 / 불편하다

친구가 휴대폰이 없어서 ______________________.

5)

여행하다 / 편하다

한국은 교통이 편리해서 ______________________.

연 습 2 [보기]와 같이 이야기하고 써 보세요.

Interview your classmates and create sentences as shown in the example.

[보기]

A	B
학교 다니다	쉽다
운전하다	어렵다
여행하다	좋다
혼자 살다	나쁘다
쇼핑하다	편하다
음식 주문하다	불편하다
공부하다	힘들다
?	?

[보기] 한국어를 잘 못해서 음식 주문하기가 힘들어요.

1) ______________________________.

2) ______________________________.

3) ______________________________.

4) ______________________________.

5) ______________________________.

6) ______________________________.

7) ______________________________.

문형 연습 Pattern Practice

track 9

연습 1

[보기] **선생님**(T) 이 책이 재미있을까요?
학 생(S) 글쎄요, 재미있을지 모르겠어요.

1. T 도서관에 빈자리가 있을까요?

   S ______________________________.

2. T 내일 날씨가 좋을까요?

   S ______________________________.

3. T 나나 씨가 내일 학교에 올 수 있을까요?

   S ______________________________.

4. T 아키라 씨가 일찍 도착할 수 있을까요?

   S ______________________________.

연습 2

[보기] **선생님**(T) 한국 생활이 힘들지요?
학 생(S) (재미있다) 힘들기는 하지만 재미있어요.

1. T 떡볶이가 맵지요?

   S (맛있다) ______________________________.

2. T 어제 늦게 자서 피곤하지요?

   S (괜찮다) ______________________________.

3. T 집세가 비싸지요?

   S (시설이 잘되어 있다) ______________________________.

4. T 여행 가고 싶지요?

   S (시간이 없다) ______________________________.

연 습 3

[보기]　**선생님**(T)　여기는 교통이 편리하다, 집값이 비싸다
　　　　학　생(S)　여기는 교통이 편리하기 때문에 집값이 비싸요.

1. T　이 집은 넓다, 두 사람이 살 수 있다

   S ______________________________.

2. T　음식이 맛있다, 그 식당에 자주 가다

   S ______________________________.

3. T　주말에 사람이 많다, 예약해야 하다

   S ______________________________.

4. T　지금 휴가 기간이다, 비행기 표 사기가 어렵다

   S ______________________________.

연 습 4

[보기]　**선생님**(T)　시장이 멀다, 장을 보다, 불편하다
　　　　학　생(S)　시장이 멀어서 장을 보기가 불편해요.

1. T　지하철역이 가깝다, 학교 가다, 편하다

   S ______________________________.

2. T　주변이 조용하다, 살다, 좋다

   S ______________________________.

3. T　모르는 단어가 많다, 읽다, 어렵다

   S ______________________________.

4. T　친구가 너무 바쁘다, 만나다, 힘들다

   S ______________________________.

14 여기서 사진을 찍어도 돼요?

May I take a picture here?

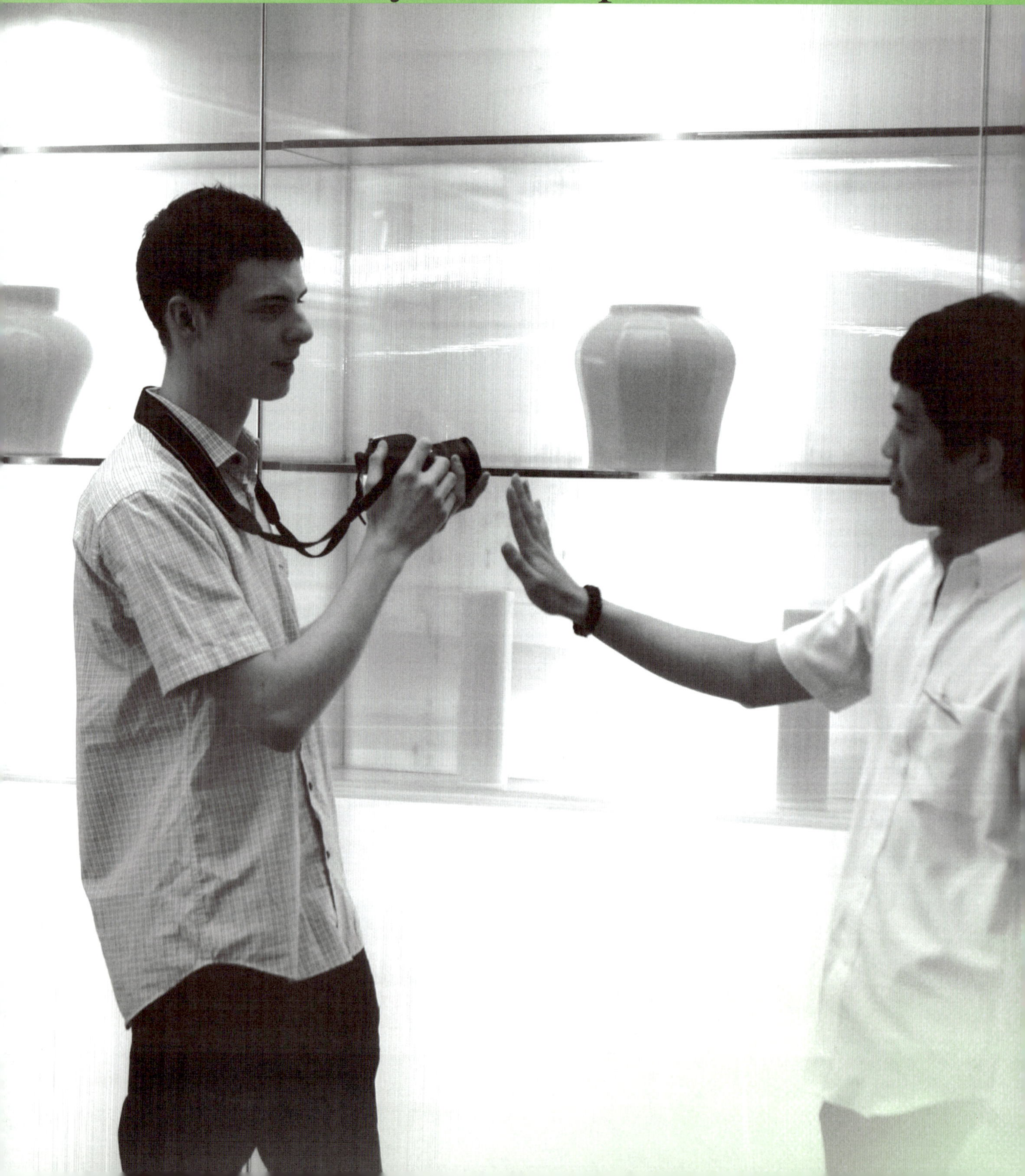

어 휘

- 예설
  Etiquette
- 공중도덕
  Public etiquette

문법과 표현

- V-(으)ㄴ 적(이) 있다[없다]
- A/V-았을/었을 때
- V-아도/어도 되다
- V-(으)면 안 되다

문형 연습

어 휘 Vocabulary

연 습 1 [보기]와 같이 알맞은 것을 골라 문장을 만들어 보세요.
Complete each sentence using the appropriate expressions from the box as shown in the example.

두 손으로 드리다　　자리를 양보하다　　높임말[존댓말]을 하다
고개를 돌리고 마시다　　고개를 숙여서 인사하다

[보기] 한국에서는 어른들께 물건을 드릴 때 두 손으로 드려요.

1) 어른들과 술을 마실 때 ______________________.

2) 어른들께 인사할 때 ______________________.

3) 처음 만난 사람과 이야기할 때 ______________________.

4) 버스에 나이가 많은 분이 계시면 ______________________.

연 습 2 알맞은 것끼리 연결하여 한 문장으로 만들어 보세요.
Connect the phrases to make a sentence.

1) 어른을 부를 때 • 　　• ① 다리를 꼬고 앉지 마세요.

2) 선생님께 물건을 받을 때 • 　　• ② 이름을 부르지 마세요.

3) 어른이 앞에 계실 때 • 　　• ③ 한 손으로 받지 마세요.

4) 선생님과 이야기할 때 • 　　• ④ 반말을 하지 마세요.

연 습 3 [보기]와 같이 빈칸에 알맞은 것을 골라 대화를 만들어 보세요.

Complete each dialogue using the appropriate expression from the box as shown in the example.

금연	주차 금지	사진 촬영 금지
휴대 전화 사용 금지		음식물 반입 금지

[보기] A : 여기는 금연입니다. 여기에서 담배를 피울 수 없습니다.

B : 아, 그래요? 죄송합니다.

1) A : 여기는 ______________________ 입니다. 여기에 음식을 가지고 들어올 수 없습니다.

B : 아, 그래요? 죄송합니다.

2) A : 여기는   입니다. 여기에서 사진을 찍을 수 없습니다.

B : 아, 그래요? 죄송합니다.

3) A : 여기는 ______________________ 입니다. 여기에서 전화를 할 수 없습니다.

B : 아, 그래요? 죄송합니다.

4) A : 여기는 ______________________ 입니다. 여기에 차를 세울 수 없습니다.

B : 아, 그래요? 죄송합니다.

문법과 표현 Grammar and Expression

1. V-(으)ㄴ 적(이) 있다[없다]

연 습 1 [보기]와 같이 이야기하고 써 보세요.

Interview your classmates and create sentences as shown in the example.

러시아에 가다

유명한 사람을 만나다

연애편지*를 쓰다

아르바이트를 하다

한국 전통 음악을 듣다

불고기를 만들다

[보기] 저는 러시아에 간 적이 없어요.

1) ______________________________.

2) ______________________________.

3) ______________________________.

4) ______________________________.

5) ______________________________.

6) ______________________________.

*연애편지 love letter

연 습 2 [보기]와 같이 문장을 만들어 보세요.

Complete each sentence as shown in the example.

[보기]

나나 씨는 <u>고등학교 때 아르바이트를 한 적이 있습니다.</u>

1)

켈리 씨는 ______________________________

______________________________.

2)

정우 씨는 ______________________________

______________________________.

3)

스티븐 씨는 ______________________________

______________________________.

4)

유진 씨는 ______________________________

______________________________.

5)

저는 ______________________________

______________________________.

장학금 scholarship   봉사 활동을 하다 to do volunteer work

2. A/V-았을/었을 때

연 습 1 그림을 보고 [보기]와 같이 대화를 만들어 보세요.

Look at the pictures and complete each dialogue as shown in the example.

[보기]

어리다

A : 언제 제주도에 가 봤어요?

B : <u>어렸을 때</u> 가 봤어요.

1)

한국에 오다

A : 언제 노래방에 가 봤어요?

B : 고향 친구가 ____________________ 가 봤어요.

2)

지하철이 떠나다

A : 언제 지갑 잃어버린 것을 알았어요?

B : ____________________ 알았어요.

3)

거짓말(을) 하다

A : 언제 친구에게 화가 났어요?

B : 친구가 ____________________ 화가 났어요.

4)

시험에서 떨어지다*

A : 언제 가장 힘들었어요?

B : ____________________ 가장 힘들었어요.

5)

처음 보다

A : 언제부터 그 사람을 좋아했어요?

B : ____________________ 좋아했어요.

시험에서 떨어지다 to fail a test

연 습 2 그림을 보고 [보기]와 같이 문장을 만들어 보세요.

Look at the pictures and complete each sentence as shown in the example.

[보기]

<u>집에 도착했을 때</u> 전화가 왔어요.

1)

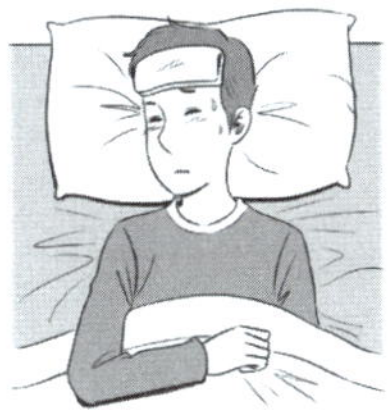

지난달에 ______________________ 고향에 가고 싶었어요.

2)

지난 수료식*에서 ______________________ 정말 기뻤어요.

3)

______________________ 가장 슬펐어요.

4)

어제 ______________________ 친구가 같이 찾아 줬어요.

5)

저는 ______________________ 친구들과 축구를 많이 했어요.

수료식 completion ceremony

3. V-아도/어도 되다

연 습 1 그림을 보고 [보기]와 같이 대화를 만들어 보세요.

Look at the pictures and complete each dialogue as shown in the example.

[보기]

A : 이 바지 한번 <u>입어 봐도 돼요</u>?

B : 네, 입어 보세요.

1)

A : 이 신발 한번 ________________________?

B : 네, 신어 보세요.

2)

A : 이 모자 한번 ________________________?

B : 네, 써 보세요.

3)

A : 이 음악 한번 ________________________?

B : 네, 들어 보세요.

4)

A : 이 케이크 한번 ________________________?

B : 네, 먹어 보세요.

5)

A : 이 기타 한번 ________________________?

B : 네, 쳐 보세요.

연 습 2 그림을 보고 [보기]와 같이 대화를 만들어 보세요.

Look at the pictures and complete each dialogue as shown in the example.

[보기]

A : 이 서류를 꼭 우편으로 보내야 돼요?

B : 아니요, <u>이메일로 보내도 돼요.</u>

1)

A : 명동까지 꼭 지하철을 타고 가야 돼요?

B : 아니요, ______________________________.

2)

A : 여기에서는 꼭 현금으로 내야 돼요?

B : 아니요, ______________________________.

3)

A : 여기에 꼭 도장을 찍어야 돼요?

B : 아니요, 도장이 없으면 ______________________________.

4)

A : 이거 다 먹어야 돼요?

B : 아니요, 배부르면 안 ______________________________.

5)

A : 1시 기차를 타려면 지금 나가야 돼요?

B : 아니요, 지금 안 ______________________________.

12시에 나가면 돼요.

4. V-(으)면 안 되다

연 습 1 그림을 보고 [보기]와 같이 대화를 만들어 보세요.
Look at the pictures and complete each dialogue as shown in the example.

[보기]

A : 여기에 차를 세워도 돼요?

B : 아니요, 여기에 차를 세우면 안 돼요.

1)

A : 여기서 ____________________?

B : 아니요, 여기에서 ____________________.

2)

A : 여기서 ____________________?

B : 아니요, 여기에서 ____________________.

3)

A : 여기서 ____________________?

B : 아니요, 여기에서 ____________________.

4)

A : 여기서 ____________________?

B : 아니요, 여기에서 ____________________.

5)

A : 여기서 ____________________?

B : 아니요, 여기에서 ____________________.

연 습 2 그림을 보고 [보기]와 같이 대화를 만들어 보세요.

Look at the pictures and complete each dialogue as shown in the example.

[보기]

밖에 나가다

A : 지금 밖에 나가면 안 돼요?

B : 안 돼요. 시험이 끝나면 나가세요.

1)

원고*를 보면서 하다

A : 발표할 때 ______________________________?

B : 네, 다 외워서 해야 돼요.

2)

나중에 하다

A : 지금 하기 싫은데 ______________________________?

B : 안 돼. 지금 해.

3)

조금만 남기다*

A : 약이 너무 쓴데 ______________________________?

B : 안 돼. 다 먹어야 돼.

4)

내일 입다

A : 언니, 이 옷 내가 ______________________________?

B : 입어도 돼.

연 습 3 [보기]와 같이 문장을 만들어 보세요.

Rewrite the sentences as shown in the example.

[보기] 운동을 꼭 해야 돼요. → 운동을 안 하면 안 돼요.

1) 내일까지 숙제를 꼭 해야 돼요. → ______________________________.

2) 담배를 꼭 끊어야 돼요. → ______________________________.

3) 아침 9시까지 학교에 꼭 가야 돼요. → ______________________________.

4) 오늘 택배를 꼭 받아야 해요. → ______________________________.

원고 script 남기다 to leave

문형 연습 Pattern Practice

track 10

연습 1

[보기] 선생님(T) 경주에 처음 가요?
학 생(S) 아니요, 전에 간 적이 있어요.

1. T 이 영화를 처음 봐요?
   S ________________________________.
2. T 이 음식을 처음 먹어요?
   S ________________________________.
3. T 마이클 씨를 처음 만나요?
   S ________________________________.
4. T 이 노래를 처음 들어요?
   S ________________________________.

연습 2

[보기] 선생님(T) 언제 그 영화를 봤어요?
학 생(S) (어리다) 어렸을 때 봤어요.

1. T 언제 제일 기뻤어요?
   S (장학금을 받다) ________________________.
2. T 언제 제일 슬펐어요?
   S (할머니가 돌아가시다) ____________________.
3. T 언제 그 이야기를 들었어요?
   S (고향에 가다) __________________________.
4. T 언제 나나 씨 전화를 받았어요?
   S (집에 도착하다) ________________________.

연습 3

[보기] **선생님**(T) 여기에서 사진을 찍다
학　생(S) 여기에서 사진을 찍어도 돼요?

1. T 지금 나가다

   S ____?

2. T 밤에 전화하다

   S ____?

3. T 이 컴퓨터를 쓰다

   S ____?

4. T 여기에서 음식을 먹다

   S ____?

연습 4

[보기] **선생님**(T) 여기에서 사진을 찍어도 돼요?
학　생(S) 아니요, 사진을 찍으면 안 돼요.

1. T 여기에 주차해도 돼요?

   S ____.

2. T 여기에서 담배를 피워도 돼요?

   S ____.

3. T 여기에서 음료수를 마셔도 돼요?

   S ____.

4. T 여기에서 노래를 불러도 돼요?

   S ____.

15 한국 생활에 익숙해졌어요

I've become used to living in Korea

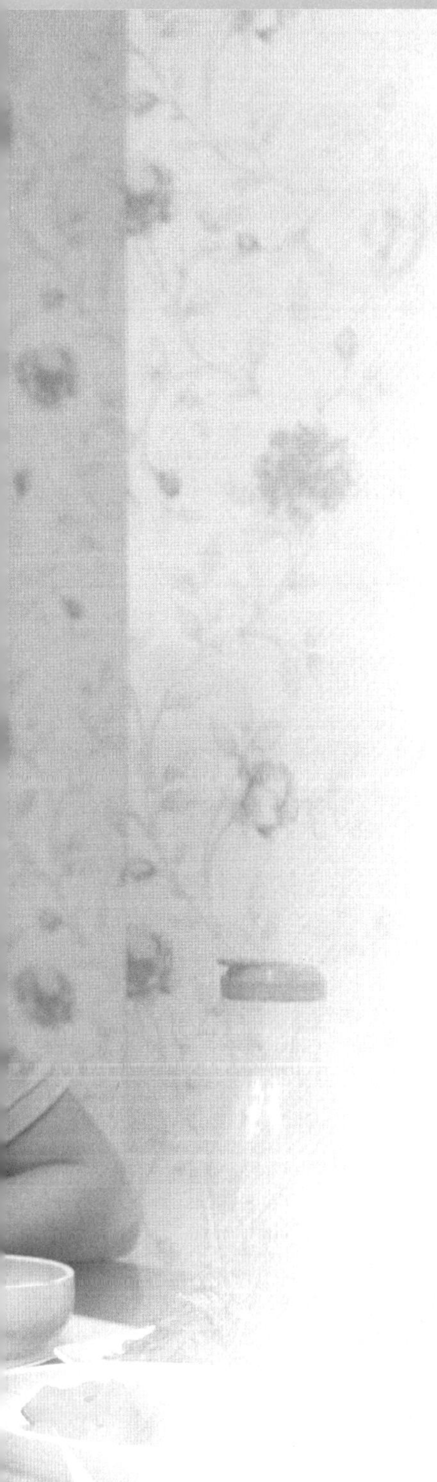

어 휘

- 인생
  Life
- 변화
  Change

문법과 표현

- A–아지다/어지다
- V–게 되다
- V–기 전에
- V–(으)ㄴ 후에

문형 연습

어 휘 Vocabulary

연 습 1 그림을 보고 [보기]와 같이 알맞은 단어를 골라 대화를 만들어 보세요.
Look at the pictures and complete each dialogue using the word from the box.

입학하다	태어나다	결혼하다	취직하다
승진하다	은퇴하다	사귀다	

[보기]

A : 무슨 사진이에요?

B : 초등학교* 입학하는 날 찍은 사진이에요.

1) 

A : 한국에 와서 친구를 많이 ______________?

B : 네, 새로운 친구를 많이 만났어요.

2) 

A : 고향이 어디예요?

B : 제 고향은 서울이에요. 서울에서 ______________.

3) 

A : 어떤 회사에 ______________ 싶어요?

B : 저는 방송국에서 일하고 싶어요.

4) 

A : 이번에 ______________ 것 축하드려요.

B : 네, 감사합니다.

5) 

A : 아버님은 아직도 그 회사에 다니세요?

B : 아니요, 작년에 ______________.

6) 

A : 혹시 ______________?

B : 어떻게 아셨어요?

A : 손에 낀 반지를 보고 알았어요.

초등학교 elementary school

연 습 2 그림을 보고 [보기]와 같이 알맞은 단어를 골라 대화를 만들어 보세요.

Look at the pictures and complete each dialogue using the appropriate word from the box.

발전하다	늘다	줄다	오르다	내리다	생기다

[보기]

A : 고향 잘 다녀왔어요?

B : 네, 5년 전에 갔을 때보다 많이 <u>발전한 것 같아요.</u>

1) 

A : 오늘 점심은 어디서 먹을까요?

B : 얼마 전에 새로 ______________ 식당이 있는데 거기로 가요.

2) 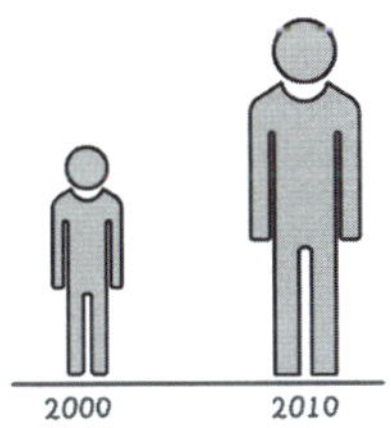

A : 한국에 사는 외국인이 많은가요?

B : 네, 10년 전보다 많이 ______________.

3) 

A : 요즘 물가*가 너무 비싼 것 같아요.

B : 네, 버스 요금도 100원 ______________.

4) 

A : 퇴근 시간인데 길이 안 막히네요.

요즘 길에 차가 좀 ______________ 것 같아요.

B : 휴가철*이라서 그래요.

5) 

A : 컴퓨터 가격이 지난달보다 싸네요.

B : 네, 가격이 많이 ______________.

물가 price (of commodities)　휴가철 vacation season

문법과 표현 Grammar and Expression

1. A-아지다/어지다

연 습 1 그림을 보고 [보기]와 같이 대화를 만들어 보세요.
Look at the pictures and complete each dialogue as shown in the example.

[보기]

A : 커피값이 많이 <u>비싸졌어요</u>.

B : 맞아요. 작년보다 천 원쯤 오른 것 같아요.

1)

A : 감기 다 나았어요?

B : 네, 어제 잘 쉬어서 ______________.

2)

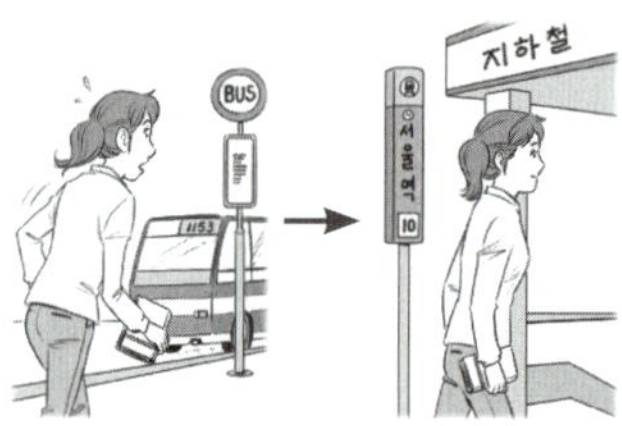

A : 집 앞에 지하철역이 생겨서 교통이 ______________.

B : 그래요? 학교 다니기 좋겠네요.

3)

A : 요즘 듣는 수업이 어때요?

B : 처음에는 어려워서 좀 힘들었는데

이제* 는 ______________.

4)

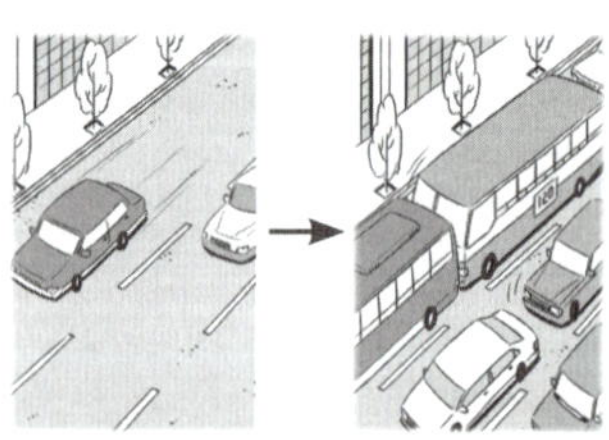

A : 오전에는 차가 많지 않았는데 지금은 왜 이렇게

길이 ______________?

B : 퇴근 시간이라서 그래요.

5)

A : 정우 씨, 요즘도 바쁘세요?

B : 네, 전보다 일이 더 ______________.

---

* 이제 now

연 습 2 어떻게 달라졌습니까? 그림을 보고 [보기]와 같이 문장을 만들어 보세요.

What has changed? Look at the pictures and create sentences as shown in the exemple.

[보기]

사람이 많아졌어요.

1)

______________________________.

2)

______________________________.

3)

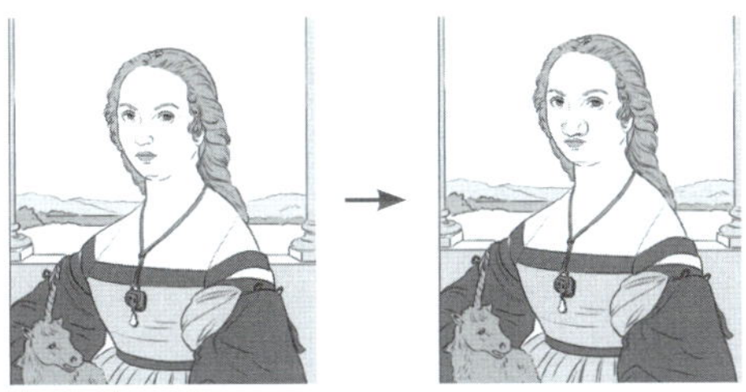

______________________________.

4)

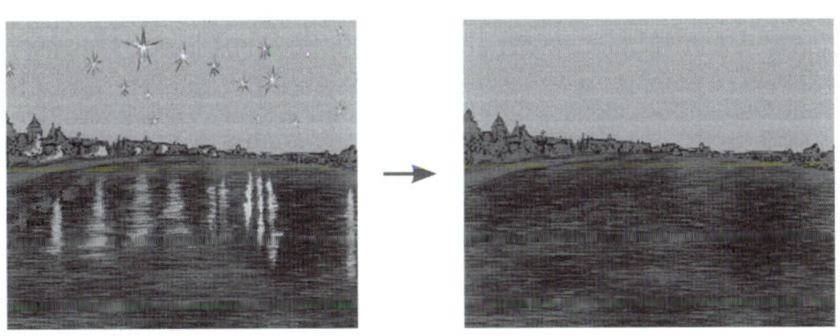

______________________________.

2. V-게 되다

연 습 1 [보기]와 같이 대화를 만들어 보세요.

Complete each dialogue as shown in the example.

[보기] A : 고향에서도 한국말을 배웠어요?

B : 아니요, 한국에 와서 <u>배우게 되었어요</u>.

1) A : 고향에서도 샤오밍 씨를 알았어요?

B : 아니요, 한국에 와서 ____________________.

2) A : 결혼하고 나서 집안일*을 많이 해요?

B : 네, 결혼 전보다 많이 ____________________.

3) A : 고향에서도 영어를 가르쳤어요?

B : 아니요, 한국에 와서 ____________________.

4) A : 마리코 씨는 원래* 한국 음식을 좋아했어요?

B : 아니요, 한국에 와서 ____________________.

5) A : 히엔 씨, 고향에서도 외국 친구들을 많이 사귀었어요?

B : 아니요, 한국에 와서 ____________________.

6) A : 아키라 씨, 요즘 한국말을 많이 써요?

B : 네, 회사를 옮기고 나서 많이 ____________________.

집안일 house chores 원래 originally

연 습 2 [보기]와 같이 문장을 만들어 보세요.

Complete each sentence as shown in the example.

[보기] 결혼하고 나서 처음에는 요리를 못했는데 이제는 잘하게 됐어요.

1) 처음에는 그 사람을 안 좋아했는데 점점* ____________________.

2) 처음에는 매운 음식을 잘 안 먹었는데 이제는 ____________________.

3) 눈이 많이 나빠져서 안경을 ____________________.

4) 한국에서 오랫동안 살아서 지금은 한국 문화를 잘 ____________________.

5) 갑자기 일이 생겨서 친구 생일 파티에 ____________________.

연 습 3 [보기]와 같이 대화를 만들어 보세요.

Complete each dialogue as shown in the example.

[보기] A : 어떻게 서울대학교에 다니게 되었어요?
B : 친구가 소개해 줘서 다니게 되었어요.

1) A : 어떻게 한국에 오게 되었어요?
B : ____.

2) A : 어떻게 지금 사는 집을 구하게 되었어요?
B : ____.

3) A : 어떻게 ______________을/를 알게 되었어요?
B : ____.

4) A : 어떻게 ________________________________?
B : ____.

*점점 gradually

3. V-기 전에

연 습 1 그림을 보고 [보기]와 같이 문장을 만들어 보세요.

Look at the pictures and complete each sentence as shown in the example.

[보기]

라면을 넣기 전에 먼저 물을 끓여요.

1)

______________________________ 준비 운동을 해요.

2)

______________________________ 전화하세요.

3)

______________________________ 잘 생각해야 돼요.

4)

______________________________ 예약해야 돼요.

5)

______________________________ 음식을 준비해야 돼요.

연 습 2 [보기]와 같이 대화를 만들어 보세요.

Complete each dialogue as shown in the example.

> [보기]　A : 두 사람은 2급에 와서 처음 만났어요?
>
> B : 아니요, 한국에 오기 전부터 알았어요. (한국에 오다)

1) A : 졸업하고 나서부터 취직 준비를 했어요?

B : 아니요, ______________________________. (졸업하다)

2) A : 고향에서도 김치를 잘 먹었어요?

B : 네, ______________________________. (한국에서 살다)

3) A : 언제부터 피아노를 배웠어요?

B : ______________________________. (초등학교에 입학하다)

4) A : 오늘 몇 시까지 집에 올 수 있어요?

B : ______________________________. (저녁 먹다)

5) A : 언제까지 부산에 살았어요?

B : ______________________________. (결혼하다)

6) A : 이 일을 언제까지 끝내야 돼요?

B : ______________________________. (퇴근하다)

4. V-(으)ㄴ 후에

연 습 1 그림을 보고 [보기]와 같이 문장을 만들어 보세요.

Look at the pictures and complete each dialogue as shown in the example.

[보기]

A : 오후에 같이 영화 보러 갈래?

B : 오늘은 안 돼. 수업 끝난 후에 아르바이트하러 가야 돼.

1)

A : 엄마, 텔레비전 봐도 돼요?

B : 먼저 ________________ 봐.

2)

A : ________________ 뭐 할 거예요?

B : 친구들하고 영화 보러 갈 거예요.

3)

A : 영화 보기 전에 커피 마시러 갈까요?

B : 시간이 별로 없으니까 ________________

마시는 게 어때요?

4)

A : 언제 만날까요?

B : ________________________________.

5)

A : 언제부터 한국어를 배웠어요?

B : ________________________________.

연 습 2 다음은 아키라 씨의 하루입니다. 그림을 보고 [보기]와 같이 말해 보세요.

The following is Akira's daily routine. Look at the pictures and create sentences as shown in the example.

N 전에　　N 후에　　V–기 전에　　V–(으)ㄴ 후에

[보기]

7:00 아침을 먹다

8:00 출근하다

9:00 커피를 마시다

9:30 자료를 준비하다

10:30 회의를 하다

12:00 점심을 먹다

14:30 보고서*를 쓰다

18:00 퇴근을 하다

18:30 친구를 만나다

19:30 영화를 보다

22:00 집에 가다

23:00 이메일을 보내다

자료 material　보고서 report

문형 연습 Pattern Practice

track 11

연습 1

[보기] **선생님**(T) 한국어 수업이 어때요?
학　생(S) (1급, 어렵다) 1급보다 어려워졌어요.

1. T 요즘 과일값이 어때요?
   S (겨울, 싸다) ______________________.
2. T 요즘 회사 일이 어때요?
   S (작년, 바쁘다) ______________________.
3. T 요즘 건강이 어때요?
   S (전, 좋다) ______________________.
4. T 오늘 날씨가 어때요?
   S (어제, 춥다) ______________________.

연습 2

[보기] **선생님**(T) 고향에서도 김치를 좋아했어요?
학　생(S) 아니요, 한국에 와서 좋아하게 되었어요.

1. T 고향에서도 한국어를 배웠어요?
   S 아니요, ______________________.
2. T 고향에서도 영어를 가르쳤어요?
   S 아니요, ______________________.
3. T 고향에서도 요리를 했어요?
   S 아니요, ______________________.
4. T 고향에서도 혼자 살았어요?
   S 아니요, ______________________.

연습 3

[보기] **선생님**(T) 자다, 이를 닦다
학 생(S) 자기 전에 이를 닦아요.

1. T 밥 먹다, 손을 씻다
   S ______________________.
2. T 결혼식에 가다, 선물을 준비하다
   S ______________________.
3. T 방학이 끝나다, 여행을 가고 싶다
   S ______________________.
4. T 친구들이 오다, 음식을 준비해야 하다
   S ______________________.

연습 4

[보기] **선생님**(T) 언제 영화를 볼 거예요?
학 생(S) (일을 끝내다) 일을 끝낸 후에 볼 거예요.

1. T 언제 친구를 만날 거예요?
   S (점심을 먹다) ______________________.
2. T 언제 청소를 할 거예요?
   S (설거지하다) ______________________.
3. T 언제 고향에 돌아갈 거예요?
   S (한국어 공부를 마치다) ______________________.
4. T 언제 저녁을 먹을 거예요?
   S (숙제를 다 하다) ______________________.

복습 5

어휘와 문법 Vocabulary and Grammar

1. 정리하기

어휘

13과	기숙사 아파트 주택 빌라 원룸 오피스텔 방 거실 부엌 화장실 베란다 현관	방이 넓다 방값이 싸다 새로 지었다 시설이 잘되어 있다 교통이 편리하다 주변이 조용하다 전망이 좋다 집주인이 좋다	집세 식비 교통비 관리비 전기 요금 가스 요금 수도 요금 전화 요금
14과	반말을 하다 이름을 부르다 높임말[존댓말]을 하다 한 손으로 받다 자리를 양보하다 두 손으로 드리다 다리를 꼬고 앉다 고개를 돌리고 마시다 고개를 숙여서 인사하다	금연 주차 금지 사진 촬영 금지 음식물 반입 금지 휴대 전화 사용 금지	
15과	태어나다 입학하다 친구를 사귀다 사랑에 빠지다 졸업하다 취직하다 결혼하다 아기를 낳다 승진하다 은퇴하다 죽다	늘다 줄다 오르다 내리다 생기다 발전하다	

문법

13과	A/V-(으)ㄹ지 모르겠다	이 옷이 동생에게 잘 맞**을지 모르겠어요**.
	A/V-기는 하지만	히엔 씨, 비빔밥 좋아해요? - 가끔 먹**기는 하지만** 그렇게 좋아하지는 않아요.
	A/V-기 때문에 N(이)기 때문에	집에서 학교까지 멀**기 때문에** 일찍 나와야 합니다. 요즘 방학**이기 때문에** 시간이 많습니다.
	V-기(가) A	날씨가 좋아서 운동하**기 좋네요**.
14과	V-(으)ㄴ 적(이) 있다[없다]	저 사람을 전에 만**난 적이 있어요**.
	A/V-았을/었을 때	어**렸을 때** 한국에 와 본 적이 있어요.
	V-아도/어도 되다	여기서 사진 찍**어도 돼요**?
	V-(으)면 안 되다	교실에서 음식을 먹**으면 안 돼요**.
15과	A-아지다/어지다	어제보다 날씨가 **더워졌어요**.
	V-게 되다	처음에는 매운 음식을 잘 못 먹었는데 지금은 잘 먹**게 됐어요**.
	V-기 전에	수영하**기 전에** 준비 운동을 하세요.
	V-(으)ㄴ 후에	저는 아침을 먹**은 후에** 커피를 마셔요.

2. 확인하기

알아보기 밑줄 친 부분을 맞게 고쳐 보세요.

고향에 갔을 때 부모님 선물을 사 갈 거예요.

→

작년에 고향에 갈 때 고향에서 친구들을 많이 만났어요.

→

연습 맞는 문장에는 O, 틀린 문장에는 X 하세요. 틀린 문장은 틀린 곳을 찾아 바르게 고쳐 보세요.

1. 도서관에 있었을 때는 조용히 해야 해요. (   )

→ ______

2. 민수 씨를 처음 만났을 때부터 좋아했어요. (   )

→ ______

3. 저는 기분이 안 좋았을 때 음악을 들어요. (   )

→ ______

4. 한국 사람들은 식사할 때 숟가락과 젓가락을 씁니다. (   )

→ ______

5. A : 시간이 날 때 보통 뭐 하세요?
   B : 인터넷을 하거나 책을 봐요. (   )

→ ______

3. 평가하기

제한 시간 20분 | 내 점수 : / 20

[1-2] 밑줄 친 것과 의미가 같은 것을 고르세요.

1. A : 나나, 여기에 <u>차를 세우면 안 돼</u>.
   B : 아, 저기 (   ) 표지판이 있네. 몰랐어.

   ① 금연 ② 주차 금지 ③ 사진 촬영 금지 ④ 음식물 반입 금지

2. A : 감기 다 <u>나았어요</u>?
   B : 네, 집에서 쉬니까 (   ) 것 같아요.

   ① 놓친 ② 그만둔 ③ 궁금한 ④ 좋아진

[3-4] 밑줄 친 것과 의미가 반대되는 것을 고르세요.

3. A : 시골 인구가 많이 <u>준</u> 것 같아요.
   B : 네, 일을 찾아서 도시로 가는 사람들이 (   ) 있어요.

   ① 많고 ② 늘고 ③ 나가고 ④ 오르고

4. A : 우리가 이 학교에 입학했을 때가 벌써 사 년 전이네.
   B : 시간 정말 빠르다. 대학 생활이 끝나고 벌써 (   ) 때가 됐네.

   ① 승진할 ② 유학할 ③ 졸업할 ④ 은퇴할

[5–10] (   )에 알맞은 것을 고르세요.

5. A : 새로 이사한 집은 어때?
   B : (   )이 잘되어 있어서 편해.

   ① 방값   ② 시설   ③ 전망   ④ 생활

6. A : 이 집이 마음에 드는데 (   )가 얼마예요?
   B : 방값은 한 달에 40만 원이에요.

   ① 월세   ② 전세   ③ 관리비   ④ 생활비

7. A : 아직 한국어를 잘 못해서 친구 (   )이 좀 어려워.
   B : 그럼 동호회에 가입하는 게 어때? 취미 생활을 같이하면 빨리 친해질 거야.

   ① 부르는 것   ② 사귀는 것   ③ 소개하는 것   ④ 도와주는 것

8. A : 지난주보다 과일값이 많이 (   ).
   B : 네, 요즘 비가 많이 와서 좀 비싸진 것 같네요.

   ① 높았어요   ② 지났어요   ③ 생겼어요   ④ 올랐어요

9. A : 히엔 씨는 나중에 대학원에 갈 거예요?
   B : 아니요, 대학교 마치고 나면 바로 (   ) 싶어요.

   ① 결정하고   ② 이사하고   ③ 취직하고   ④ 양보하고

10. A : 오늘 철수가 기분이 안 좋은 것 같은데 왜 그래요?
    B : 형하고 싸워서 엄마한테 야단을 (   ).

    ① 시켰어요   ② 지었어요   ③ 받았어요   ④ 맞았어요

[11–12] 틀린 문장을 고르세요.

11. ① 한국에 오기 전에 회사에 다녔어요.
    ② 이 집은 전망이 좋기는 하지만 좀 비싸요.
    ③ 우리 집은 시장이 가까워서 장보기가 편해요.
    ④ 한국어 공부를 마치기 후에 고향에 갈 거예요.

12. ① 휴일이기 때문에 같이 산에 갑시다.
    ② 다음 달에 고향에 돌아가게 됐어요.
    ③ 작년에 한복을 입어 본 적이 있어요.
    ④ 친구들과 이야기할 때 반말을 해도 돼요.

[13-14] (   )에 알맞은 것을 고르세요.

13. A : 이 공원에서 음식을 먹어도 되나요?
B : 네, (   ).

① 먹어도 됩니다
② 먹기가 좋습니다
③ 먹어 버렸습니다
④ 먹으면 좋겠습니다

14. A : 이제 정말 봄이 온 것 같네요.
B : 네, 날씨가 많이 (   ).

① 따뜻해졌어요
② 따뜻해 보여요
③ 따뜻했으면 좋겠어요
④ 따뜻할지 모르겠어요

[15-16] (   )에 알맞은 것을 고르세요.

15. A : 히엔 씨, 켈리 씨와 오래된 친구예요?
B : 아니요, 이번 학기에 같은 반이 되어서 (   ).

① 알면 돼요
② 알게 됐어요
③ 알고 싶었어요
④ 알려고 했어요

16. A : 지금 살고 있는 집은 어때요?
B : 아주 좋아요. 교통이 편리해서 학교 (   ) 편해요.

① 다니기
② 다니는지
③ 다녔으면
④ 다닌 후에

[17-18] **다음을 읽고 질문에 답하세요.**

A : 켈리, 내일 뭐 해? 수업 (㉠) 같이 쇼핑하러 갈래?
B : 나도 가고 싶은데 내일은 아르바이트하러 가야 해.
A : 아르바이트? 요즘 아르바이트해?
B : 응, 일주일에 두 번씩 아이들에게 영어를 가르치고 있어. 집세가 올라서 요즘 생활비가 좀 많이 (㉡).
A : 그래. 그럼 나중에 시간 날 때 보자.

17. ㉠에 들어갈 알맞은 것을 고르세요.

① 끝나다가 ② 끝나면서 ③ 끝난 후에 ④ 끝나기 때문에

18. ㉡에 들어갈 알맞은 것을 고르세요.

① 있어 ② 걸려 ③ 들어 ④ 늘어

[19-20] **다음을 읽고 질문에 답하세요.**

혼자 사는 것은 조금 (㉠) 아주 좋은 경험입니다. 저는 한국에 와서 집도 혼자 구하고 요리와 청소도 하게 됐습니다. 한국에 오기 전에 이런 일들은 부모님이 해 주셨는데 이제는 제가 다 하고 있습니다. 그리고 아르바이트도 하고 공부도 하면서 열심히 생활하고 있습니다. 저는 전보다 조금 (㉡) 어른이 된 것 같습니다.

19. ㉠에 들어갈 알맞은 것을 고르세요.

① 힘드니까 ② 힘들었을 때
③ 힘들어 보여서 ④ 힘들기는 하지만

20. ㉡에 들어갈 알맞은 것을 고르세요.

① 더 ② 막 ③ 자꾸 ④ 마침

듣기 Listening

track 12 내 점수 : / 15

[1-2] 잘 듣고 알맞은 그림을 고르세요.

1. ①

②

③

④

2. ①

②

③

④

[3–7] 잘 듣고 맞는 대화를 고르세요.

3. ① ② ③ ④

4. ① ② ③ ④

5. ① ② ③ ④

6. ① ② ③ ④

7. ① ② ③ ④

[8–9] 다음은 무엇에 대해 말하고 있습니까?

8. ① 생활비 ② 참가비 ③ 등록금 ④ 교통비

9. ① 금지 ② 소개 ③ 양보 ④ 예절

[10–11] 잘 듣고 대화 내용과 같은 것을 고르세요.

10. ① 여자는 이사 온 남자와 인사하고 있습니다.
 ② 남자는 그동안 여자를 자주 도와주었습니다.
 ③ 남자는 학교에서 가까운 곳으로 이사합니다.
 ④ 남자가 이사할 집은 관리비가 비싼 편입니다.

11. ① 남자는 서울에서 운전을 하지 않습니다.
 ② 한국과 일본은 운전하는 자리가 같습니다.
 ③ 남자의 고향보다 서울이 훨씬 더 복잡합니다.
 ④ 남자는 택시에서 내릴 때 아직도 가끔 실수합니다.

[12-13] 잘 듣고 질문에 맞는 답을 고르세요.

12. 지금 여자는 기분이 어떻습니까?
① 기쁩니다
② 걱정됩니다
③ 속상합니다
④ 즐겁습니다

13. 들은 내용과 같은 것을 고르세요.
① 여자는 치마 입는 것을 좋아합니다.
② 여자는 긴장돼서 인터뷰를 잘 못했습니다.
③ 여자는 시험을 잘 봐서 밥을 사려고 합니다.
④ 여자는 내일 저녁에 남자를 만나기로 했습니다.

[14-15] 잘 듣고 질문에 맞는 답을 고르세요.

14. 남자는 왜 제주도로 이사했습니까?
① 고향에 살고 싶어서
② 제주도가 아름다워서
③ 이웃들이 아주 좋아서
④ 새로운 일을 시작하려고

15. 들은 내용과 같은 것을 고르세요.
① 남자는 5년 전에 제주도로 이사 왔습니다.
② 남자는 지금 숙소를 빌려주는 일을 합니다.
③ 남자는 어렸을 때 제주도에서 산 적이 있습니다.
④ 남자는 제주도로 이사 오기 전에 준비를 많이 했습니다.

읽기와 쓰기 Reading and Writing

제한 시간 20분　　내 점수 :　　/ 16

[1-2] 다음을 읽고 맞지 않는 것을 고르세요.

1.

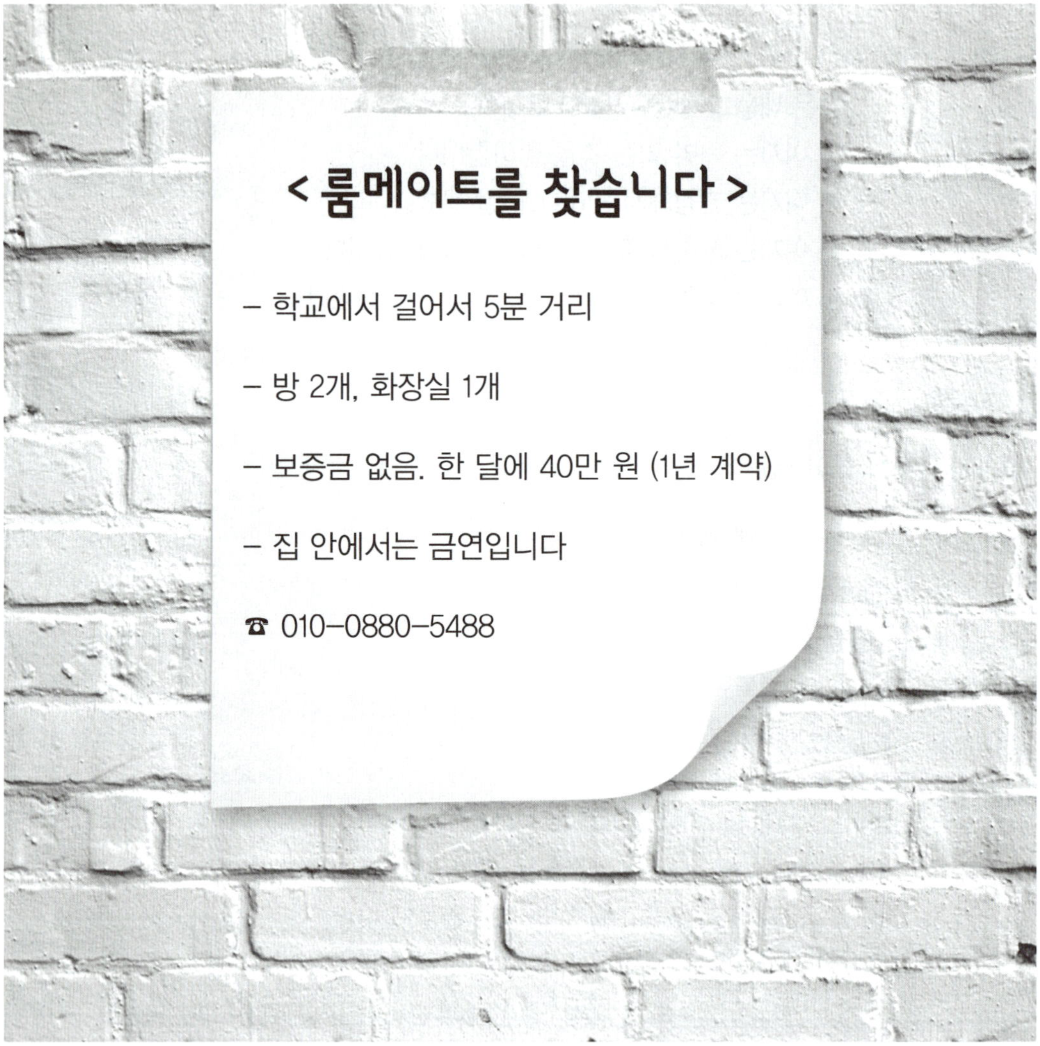

① 이 집은 학교에서 가까운 편입니다.
② 집 안에서 담배를 피우면 안 됩니다.
③ 1년 동안 전세로 계약할 수 있습니다.
④ 같은 집에 살 사람을 찾는 광고입니다.

2.

〈수영장 이용 안내〉

- 먼저 샤워를 하고 나서 수영장에 들어가십시오.
- 수영장에 들어가기 전에 준비 운동을 하십시오.
- 수영장에 들어갈 때에는 수영 모자를 꼭 쓰십시오.
- 수영장은 음식물 반입 금지입니다.
- 50분 수영한 후에는 10분 쉬는 것이 좋습니다.

① 수영장에서는 수영 모자를 써야 합니다.
② 샤워를 한 후 수영장에 들어가야 합니다.
③ 수영장은 50분마다 쉬는 시간이 있습니다.
④ 수영장에 음식을 가지고 들어가면 안 됩니다.

[3-4] 다음을 읽고 글의 내용과 같은 것을 고르세요.

3\. 저는 6개월 전에 한국에 왔습니다. 한국에 와서 새로운 친구들을 빨리 사귀고 싶었지만 만날 기회가 없었습니다. 그런데 두 달쯤 지났을 때 같은 반 친구인 스티븐의 소개로 민호를 알게 되었습니다. 저는 좀 성격이 내성적인 편인데 민호는 아주 활발해서 같이 있으면 참 재미있습니다. 민호를 만나고 나서부터 다른 한국 친구들도 많이 알게 되고 한국 생활도 더 편해졌습니다. 민호가 없었으면 이렇게 빨리 한국 생활에 익숙해지지 못했을 것입니다.

① 이 사람과 민호는 성격이 비슷합니다.
② 민호는 이 사람의 같은 반 친구입니다.
③ 이 사람은 두 달 전에 한국에 처음 왔습니다.
④ 이 사람은 민호를 만난 후에 한국 생활이 더 편해졌습니다.

4\. 우리 부모님은 제 생일 때마다 사진을 찍어 주셨습니다. 제가 태어난 날 찍은 것부터 올해 찍은 사진까지 모두 스무 장의 사진이 있습니다. 사진 옆에는 부모님께서 저에게 쓰신 글도 볼 수 있습니다. 그 사진들과 글을 보면 부모님의 사랑을 느낄 수 있습니다. 저도 나중에 결혼을 하고 아이를 낳으면 아이에게 그렇게 해 주고 싶습니다.

① 이 사람의 부모님은 사진 찍는 일을 합니다.
② 이 사람은 아이의 생일에 사진을 찍어 줍니다.
③ 이 사람은 매년 생일 때 찍은 사진이 있습니다.
④ 이 사람은 생일 때마다 부모님께 편지를 씁니다.

[5-6] 다음을 읽고 질문에 답하세요.

한국에서는 보통 동갑이나 나이가 어린 사람에게 반말을 하고 자기보다 나이가 많은 사람에게 존댓말을 합니다. (㉠) 하지만 처음 만났을 때는 자기보다 어린 사람에게도 보통 존댓말로 시작하고 가까워지면 반말을 하게 됩니다. (㉡) 그리고 자기보다 나이가 많은 사람에게도 아주 친해지면 반말을 할 수 있습니다. (㉢) 자기보다 나이가 많은 사람을 부를 때는 '너'라고 하거나 그냥 이름만 부르면 안 되고 언니, 형, 선배 등으로 불러야 합니다. (㉣)

5. ㉠~㉣ 중에서 다음 문장이 들어갈 곳을 고르세요.

그런데 이때 조심해야 할 것이 있습니다.

① ㉠ ② ㉡ ③ ㉢ ④ ㉣

6. 이 글의 내용과 같은 것을 고르세요.

① 한국말에서는 나이가 별로 중요하지 않습니다.
② 처음 만난 사람에게는 보통 존댓말을 해야 합니다.
③ 친해지면 나이가 많은 사람의 이름만 불러도 괜찮습니다.
④ 한국에서는 나이가 어린 사람에게는 항상 반말을 합니다.

[7-8] 다음을 읽고 질문에 답하세요.

저는 다음 달에 한국으로 공부를 하러 갑니다. 서울에 있는 대학교에서 일 년 동안 한국어를 공부할 계획입니다. 지난달에 기숙사를 신청했지만 빈방이 없었습니다. 그래서 한국에 도착한 후에 한 달 동안은 홈스테이를 할 것입니다. 한 달 후에는 기숙사에 빈방이 생기기 때문에 ㉠<u>그렇게 하기로 했습니다</u>. 저는 가족이 아닌 사람들과 같이 사는 것이 처음입니다. 그래서 조금 걱정이 되기는 하지만 한국 문화를 많이 배울 수 있어서 좋을 것 같습니다.

7. ㉠과 바꿔 쓸 수 있는 것으로 알맞은 것을 고르세요.

① 한국으로 가기로 했습니다
② 홈스테이를 하기로 했습니다
③ 한국어를 배우기로 했습니다
④ 기숙사 신청을 하기로 했습니다

8. 이 사람에 대한 설명으로 맞는 것을 고르세요.
① 지금 학교 기숙사에 살고 있습니다.
② 일 년 동안 홈스테이를 할 것입니다.
③ 한국어 공부 때문에 스트레스를 받습니다.
④ 다른 사람들과 같이 살아 본 적이 없습니다.

[9–10] 다음을 읽고 질문에 답하세요.

저는 고등학교 때 (　　　㉠　　　) 적이 있습니다. 사고 싶은 것이 있어서 돈을 모으려고 두 달 동안 햄버거 가게에서 일을 했습니다. 아르바이트를 처음 해 봤기 때문에 실수도 많이 하고 힘들었습니다. 아르바이트를 하면서 힘들게 일하시는 부모님께 감사한 마음을 갖게 되었습니다. 그리고 그 일을 하기 전까지는 사고 싶은 물건이 있으면 그냥 샀는데 아르바이트를 한 후부터는 물건을 살 때 꼭 필요한 것인지 한 번 더 생각해 보게 되었습니다.

9. ㉠에 들어갈 알맞은 것을 고르세요.
① 실수를 한　　　② 돈을 많이 쓴
③ 가게를 해 본　　　④ 아르바이트를 한

10. 이 글의 내용과 같은 것을 고르세요.
① 이 사람의 부모님은 햄버거 가게를 하십니다.
② 햄버거 가게에서 하는 일은 별로 힘들지 않았습니다.
③ 아르바이트를 해 본 후에 부모님께 더 감사하게 됐습니다.
④ 이 일을 하기 전에 아르바이트를 해 본 경험이 많았습니다.

[11-15] **빈칸에 알맞은 것을 골라 대화를 만들어 보세요.**

-(으)ㄴ 적(이) 있다[없다]　　-아도/어도 되다　　-(으)면 안 되다
-기 전에　　-(으)ㄴ 후에　　-게 되다　　-아지다/어지다

11. A : 시험 시간에 사전을 볼 수 있어요?
    B : ____.

12. A : 저는 다음 주에 고향으로 돌아가요.
    B : 그래요? 그럼 ______________________ 한번 만나요.

13. A : 요즘 한국 생활이 어때요?
    B : ____.

14. A : 처음에 어떻게 서울대학교를 알았어요?
    B : ____.

15. A : 혼자 여행을 해 봤어요?
    B : ____.

[16] **다음 글을 읽고 (　　)에 알맞은 말을 쓰세요.**

어제는 마리코의 생일이라서 반 친구들이 모두 모여서 생일 파티를 했습니다. 저는 마리코에게 요리책을 선물했습니다. 마리코가 (　　　　　　　　　　) 때문에 요리책을 주면 좋을 것 같았습니다. 앞으로 마리코가 이 책을 보고 새로운 요리를 많이 만들어 보면 좋겠습니다.

[17] **질문을 잘 읽고 200~300자로 글을 쓰세요.**

여러분은 어떤 집에 살고 싶습니까? 왜 그런 집에 살고 싶습니까?
주변 환경은 어땠으면 좋겠습니까? 여러분이 살고 싶은 집에 대해 써 보세요.

발음 Pronunciation

1. 잘 들어 보세요. track 13

1. 입학을 축하드립니다.
2. 등산갈 때 구두를 신고 오지 마세요.
3. 컵을 책상 위에 놓으세요.

2. 잘 듣고 발음에 주의하여 읽어 보세요. track 14

1. 이 시간에는 막히니까 지하철이 더 빨라요.
2. 숙제를 집에 놓고 왔어요.
3. 다리를 꼬고 앉지 마세요.
4. 눈에 안약을 넣었어요.

3. 친구와 연습해 보세요. track 15

1. A : 어떤 집을 찾으세요?
   B : 방값이 싸고 깨끗한 원룸을 찾고 있어요.
2. A : 컴퓨터를 계속 봐서 눈이 좀 아프네요.
   B : 그럼 눈을 감고 잠깐 쉬세요.
3. A : 국이 좀 싱거운 것 같아요.
   B : 그럼 소금을 좀 넣으세요.
4. A : 지금 길이 많이 막힐까요?
   B : 퇴근 시간이라서 길에 차가 많을 거예요.

말하기 Speaking

1. 주사위를 던져서 나온 숫자에 해당하는 질문을 읽고 친구들에게 이야기해 보세요.

지금 살고 있는 집의 좋은 점과 안 좋은 점에 대해 이야기해 보세요.

여러분 나라에서 지켜야 할 예절에 대해 설명해 보세요.

여러분이 처음 한국에 왔을 때와 지금이 어떻게 다릅니까? 이야기해 보세요.

옛날과 지금 여러분의 고향이 어떻게 달라졌습니까? 이야기해 보세요.

여러분은 한국에서 생활하면서 어디에 돈을 가장 많이 씁니까? 고향에서 쓸 때와 어떻게 다릅니까? 이야기해 보세요.

여러분은 어떤 인생을 살고 싶습니까? 여러분의 인생 계획을 이야기해 보세요.

2. A와 B가 되어 이야기해 보세요.

여러분은 다른 나라로 유학을 가려고 합니다. 그 나라에서 온 친구에게 유학 생활에 필요한 정보를 물어 보세요.

여러분의 친구가 여러분의 나라로 유학을 가려고 합니다. 그 친구에게 유학 생활에 필요한 것들을 일러 주세요.

16 설날에는 밥 대신 떡국을 먹어요

We eat tteokguk instead of rice on New Year's day

어 휘

- 명절
  Traditional holidays
- 집안일
  Housework

문법과 표현

- V-아/어 놓다
- N 대신
- V-(으)ㄹ까 하다
- A/V-(으)ㄹ 테니까

문형 연습

어 휘 Vocabulary

연 습 1 그림을 보고 [보기]와 같이 알맞은 것을 골라 대화를 만들어 보세요.
Complete each dialogue using the correct expression from the box.

한복을 입다	고향에 가다	세배(를) 하다
성묘(를) 하다	차례를 지내다	윷놀이(를) 하다

[보기]

A : 수진 씨는 추석에 뭐 해요?

B : 가족들과 성묘를 하러 가요.

1)

A : 지영 씨는 결혼할 때 ____________________?

B : 네, 저도 입고 가족들도 입었어요.

2)

A : 한국 사람들은 언제 ____________________?

B : 설날이나 추석에 해요.

3)

A : 설날 아침에는 보통 뭐 해요?

B : 먼저 어른들께 ____________________.

4)

A : 민수 씨 집에서도 추석 때 ____________________?

B : 네. 그래서 음식을 많이 준비해야 해요.

5)

A : 민수 씨는 이번 설날에 ____________________?

B : 네, 지난주에 기차표를 예매했어요.

연 습 2 빈칸에 알맞은 단어를 골라 쓰세요.

Complete each sentence using the appropriate word from the box.

떡국	빈대떡	송편	식혜	한과

1) ___________은/는 한국의 전통 음료수인데 맛이 달아요.

2) ___________은/는 한국의 전통 과자인데 명절*에 많이 먹어요.

3) ___________은/는 떡을 넣고 끓인 음식인데 보통 설날에 먹어요.

4) ___________은/는 한국의 전통 음식인데 고기와 야채를 넣어서 만들어요.

5) ___________은/는 추석에 먹는 떡인데 보통 추석 전날 가족들과 같이 만들어요.

연 습 3 그림을 보고 [보기]와 같이 문장을 만들어 보세요.

Look at the pictures and complete each sentence as shown in the example.

[보기]

저는 요리하는 것보다

<u>설거지하는 것을</u> 더 좋아해요.

1)

저는 보통 아침에 청소를 해요. 아파트에 살기 때문에

밤늦게* ______________________________.

2)

저는 큰 마트*보다 시장에 가는 것을 더 좋아해요.

그래서 보통 시장에서 ______________________________.

3)

내일 입을 옷이 없어서 오늘 꼭 ______________________________.

4)

며칠 동안 청소를 안 해서 ______________________________.

5)

한국어 책이 어디에 있는지 모르겠어요.

며칠 전에 이사했는데 아직 ______________________________.

명절 traditionl holiday 밤늦게 late at night 마트 market

문법과 표현 Grammar and Expression

1. V-아/어 놓다

연 습 1 그림을 보고 [보기]와 같이 문장을 만들어 보세요.
Look at the pictures and complete each sentence as shown in the example.

[보기]

미리 사다

명절에는 문을 닫는 가게가 많으니까 필요한 것을 <u>미리 사 놓아야 돼요</u>.

1)

예매를 하다

주말에는 표가 없으니까 ______________________.

2)

청소를 하다

친구들이 오기 전에 ______________________.

3)

종이에 쓰다

잊어버리지 않으려면 ______________________.

4)

장을 보다

내일 명절 음식을 준비하려면 오늘 ______________________.

5)

돈을 찾다

내일은 휴일이라서 은행 문을 열지 않기 때문에 오늘 ______________________.

6)

맛있는 식당을 알다

여행을 가기 전에 ______________________.

연습 2 그림을 보고 [보기]와 같이 대화를 만들어 보세요.

Look at the pictures and complete each dialogue as shown in the example.

[보기]

A : 제가 설거지를 할게요.

B : 괜찮아요. 제가 아까 해 놓았어요.

1)

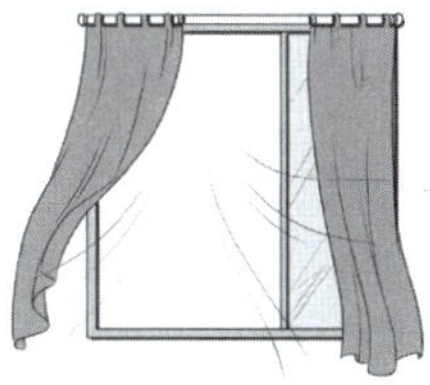

A : 집이 시원하네요.

B : 네, 더워서 창문을 ______________________.

2)

A : 숙제 다 했어요?

B : 네, 한 시간 전에 다 ______________________.

3)

A : 내가 부탁한 책 빌렸어요?

B : 네, 아까 도서관에서 ______________________.

4)

A : 그 가게 전화번호 알아요?

B : 네, 친구한테 물어봐서 ______________________.

5)

A : 아까 왜 전화 안 받았어요?

B : 영화 보는 중이라서 ______________________.

6)

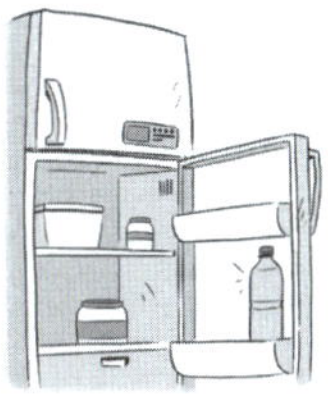

A : 물이 어디에 있어요?

B : 시원하게 마시려고 냉장고에 ______________________.

2. N 대신

연 습 1 그림을 보고 [보기]와 같이 문장을 만들어 보세요.

Look at the pictures and complete each sentence as shown in the example.

[보기]

커피 녹차

커피가 없어서 <u>커피 대신 녹차를 마셨어요</u>.

1)

사과 바나나

사과가 너무 비싸서 ______________________

______________________________.

2)

전화 문자

전화를 안 받아서 ______________________

______________________________.

3)

동생 나

동생이 술을 마셔서 ______________________

______________________________.

4)

나 친구

내가 바빠서 ______________________

______________________________.

5)

해외여행* 국내 여행*

연휴*가 짧아서 ______________________

______________________________.

해외여행 overseas travel 국내 여행 domestic travel 연휴 long weekend; holidays

연 습 2 그림을 보고 [보기]와 같이 대화를 만들어 보세요.

Look at the pictures and complete each dialogue as shown in the example.

[보기]

A : 교통 카드가 없는데 어떻게 하지요?

B : 걱정하지 마세요. <u>제가 대신 낼게요</u>.

1) 

A : 이 책을 오늘까지 갖다 줘야 하는데 갈 시간이 없어요.

B : 그럼 저한테 주세요. ______________________________.

2) 

A : 우리 야구 구경 갈래요?

B : 날씨가 너무 더우니까 ______________________________.

3) 

A : 켈리 씨 주소 좀 알려 주세요.

B : 주소를 모르는데 ______________________________

가르쳐 줘도 돼요?

4) 

A : 선물로 꽃을 사 가고 싶은데 근처에 꽃집이 없네요.

B : 그럼 ______________________________ 사는 게 어때요?

5) 

A : 지연 씨, 지금 뭐 하고 있어요?

B : 어머니가 아프셔서 ______________________________

______________________________.

6) 

A : 왜 지호 씨가 안 오고 스티븐 씨가 왔어요?

B : 지호가 수업이 있어서 ______________________________

______________________________.

3. V-(으)ㄹ까 하다

연 습 1 그림을 보고 [보기]와 같이 대화를 만들어 보세요.
Look at the pictures and complete each dialogue as shown in the example.

[보기]

A : 이번 주말에 뭐 할 거예요?

B : 다음 주에 부모님이 오시니까 <u>대청소를 할까* 해요.</u>

1)

A : 친구 만나면 뭐 할 거예요?

B : 둘 다 쇼핑을 좋아하니까 ________________________.

2)

A : 점심에 뭐 먹을 거예요?

B : 시간이 없으니까 ________________________.

3)

A : 이번 휴가에 어디에 갈 거예요?

B : 아직 제주도에 안 가 봐서 ________________________.

4)

A : 오늘 마리코 씨 집들이에 뭐 사 갈 거예요?

B : 마리코 씨가 꽃을 좋아하니까 ________________________.

5)

?

A : 이번 방학에 뭐 할 거예요?

B : ________________________.

대청소를 하다 to do a big cleanup

연습 2 [보기]와 같이 대화를 만들어 보세요.

Complete each dialogue as shown in the example.

> **[보기]** A : 이번 주말에 <u>연극을 볼까 하는데</u> 같이 볼래요?
>
> B : 무슨 연극인데요?

1) A : 저녁에 노래방에 ______________________ 같이 갈래요?

   B : 아, 미안해요. 오늘 저녁에 약속이 있어요.

2) A : 비빔밥 좋아해요? 점심에 ______________________ 같이 먹으러 가요.

   B : 좋아요. 그럼 점심에 봐요.

3) A : 주말에 ______________________ 같이 갈 수 있어요?

   B : 좋아요. 그런데 어느 산에 갈 거예요?

4) A : 지훈 씨, 사물놀이에 관심 있어요? 방학에 ______________________ 같이 배울래요?

   B : 좋아요. 저도 전부터 배우고 싶었어요.

5) A : 지금 피자를 ______________________ 같이 먹을래요?

   B : 무슨 피자 시킬 거예요?

6) A : 수업 끝난 후에 ______________________ 같이 칠래요?

   B : 좋아요. 저도 테니스 치는 거 좋아해요.

4. A/V-(으)ㄹ 테니까

연 습 1 그림을 보고 [보기]와 같이 대화를 만들어 보세요.
Look at the pictures and complete each dialogue as shown in the example.

[보기]

A : 좀 졸리네요*.

B : 그럼 제가 운전할 테니까 좀 쉬세요.

1) 

A : 설거지는 ________________ 방 청소 좀 해 주세요.

B : 알았어요.

2) 

A : 제가 점심 살게요.

B : 아니에요. 오늘은 ________________ 다음에 사세요.

3) 

A : 한국어를 잘 못해서 걱정이에요.

B : ________________ 같이 공부해요.

4) 

A : 우산을 안 가지고 왔는데 어떻게 하지요?

B : ________________ 걱정하지 마세요.

5) 

A : ________________ 민호 씨는 방을 좀 닦아 주세요.

B : 네, 알겠어요.

졸리다 to be sleepy

연 습 2 그림을 보고 [보기]와 같이 대화를 만들어 보세요.

Look at the pictures and complete each dialogue as shown in the example.

[보기]

A : 이 김치 한번 먹어 봐도 돼요?

B : 네. 그런데 좀 <u>매울 테니까</u> 조금만 먹어 보세요.

1)

A : 내일 영화 보러 갈까요?

B : 주말이라서 ____________________ 다음에 보러 가요.

2)

A : 내일 날씨가 어때요?

B : 내일 ____________________ 우산을 꼭 준비하세요.

3)

A : 호주로 여행을 가는데 뭘 준비하는 게 좋을까요?

B : 호주는 지금 ____________________ 시원한 옷을 가져가세요.

4)

A : 음식이 모자라지* 않을까요?

B : 이 정도면 ____________________ 걱정하지 마세요.

5)

A : 지금 김 선생님하고 통화할 수 있을까요?

B : 지금 수업 중이라서 ____________________ 한 시간 후에 해 보세요.

---

* 모자라다 to lack

문형 연습 Pattern Practice

track 16

연습 1

[보기] 선생님(T) 연필이 없어서 볼펜을 샀어요.
학 생(S) 연필 대신 볼펜을 샀어요.

1. T 버스가 안 와서 택시를 탔어요.

   S ______________________________.

2. T 주소를 몰라서 전화번호를 가르쳐 줬어요.

   S ______________________________.

3. T 친구가 한국말을 잘 못해서 제가 전화를 했어요.

   S ______________________________.

4. T 동생이 아파서 제가 운전을 했어요.

   S ______________________________.

연습 2

[보기] 선생님(T) 기차표를 샀어요?
학 생(S) 네, 벌써 사 놓았어요.

1. T 사진을 찍었어요?

   S ______________________________.

2. T 발표 원고를 썼어요?

   S ______________________________.

3. T 비행기 표를 예약했어요?

   S ______________________________.

4. T 여권을 만들었어요?

   S ______________________________.

연 습 3

> **[보기]** **선생님**(T) 방학에 뭐 할 거예요?
> **학　생**(S) (여행을 가다) 여행을 갈까 해요.

1. T 시험 끝나고 뭐 할 거예요?

   S (집에서 쉬다) ______________________________.

2. T 주말에 뭐 할 거예요?

   S (영화를 보다) ______________________________.

3. T 점심은 뭐 먹을 거예요?

   S (김밥을 먹다) ______________________________.

4. T 무슨 옷을 입을 거예요?

   S (원피스를 입다) ______________________________.

연 습 4

> **[보기]** **선생님**(T) 내가 운전하다, 쉬다
> **학　생**(S) 내가 운전할 테니까 쉬세요.

1. T 빨리 가다, 기다리다

   S ______________________________.

2. T 내가 도와주다, 걱정하지 말다

   S ______________________________.

3. T 지금은 전화를 안 받다, 나중에 전화하다

   S ______________________________.

4. T 날씨가 춥다, 따뜻하게 입다

   S ______________________________.

17 비행기를 놓칠 뻔했어요
I almost missed the flight

어 휘

- 사고
  Accident
- 색과 무늬
  Colors and patterns

문법과 표현

- V–아다/어다 주다
- V–(으)ㄹ 뻔하다
- 'ㅎ' 불규칙
- V–아/어 있다

문형 연습

어 휘 Vocabulary

연 습 1 그림을 보고 [보기]와 같이 공통적으로 떠오르는 색을 써 보세요.

Look at the pictures and write the color that is associated with them as shown in the example.

[보기]  까만색

1)  ________

2)  ________

3)  ________

4)  ________

연 습 2 그림을 보고 [보기]와 같이 대화를 만들어 보세요.

Look at the pictures and complete each dialogue as shown in the example.

[보기]

A : 어떤 게 저한테 더 어울려요?

B : 회색 체크무늬 셔츠가 잘 어울리는 것 같은데요.

1) 

A : 이 디자인으로 다른 바지는 없어요?

B : 노란색 ____________ 바지가 있어요.

2) 

A : 저 티셔츠 좀 보여 주세요.

B : 어떤 거요? 까만색 ____________ 티셔츠요?

3) 

A : 이 원피스 어때요?

B : 파란색 ____________가 시원해 보이네요.

연 습 3 그림을 보고 [보기]와 같이 알맞은 것을 골라 대화를 만들어 보세요.

Look at the pictures and complete each dialogue using the appropriate expression from the box as shown in the example.

잃어버리다	놓치다	넘어지다	부딪히다
떨어뜨리다	불(이) 나다	사고가 나다	고장이 나다

[보기]

A : 뭘 도와드릴까요?

B : 아까 휴대 전화를 떨어뜨렸는데 전화가 잘 안돼요.

1) 

A : 아저씨, 기차를 ________________. 조금만 빨리 가 주세요.

B : 네, 알겠습니다.

2) 

A : 지갑 새로 샀네요.

B : 네, 지난주에 지갑을 ________________ 다시 샀어요.

3) 

A : 거기 119지요? 여기 ________________. 빨리 좀 와 주세요.

B : 네, 주소를 말씀해 주십시오.

4) 

A : 이마가 왜 그래요?

B : 식당 문에 ________________.

5) 

A : 왜 이렇게 길이 막히지요?

B : 저쪽에 ________________.

6) 

A : 왜 다리를 다쳤어요?

B : 어제 길에서 ________________.

7) 

A : 왜 숙제를 못 했어요?

B : 노트북이 ________________ 못 했어요. 오늘 고쳐야* 돼요.

* 고치다 to fix

문법과 표현 Grammar and Expression

1. V-아다/어다 주다

연 습 1 그림을 보고 [보기]와 같이 문장을 만들어 보세요.
Create a sentence for each picture as shown in the example.

[보기]

부모님 공항

<u>부모님을 공항에 모셔다 드렸어요.</u>

1) 

여자 친구 집

________________________________.

2) 

할머니 댁

________________________________.

3) 

아버지 병원

________________________________.

4) 

동생 학교

________________________________.

5) 

아이 엄마

________________________________.

연 습 2 그림을 보고 [보기]와 같이 대화를 만들어 보세요.

Look at the pictures and complete each dialogue as shown in the example.

[보기]

A : 지금 어니예요?

B : 커피숍에 있어요.

A : <u>그럼 미안하지만 올 때 커피 한 잔만 사다 주세요</u>.

1) A : 지금 어디예요?

B : 마트에 있어요.

A : ______________________________.

2) A : 지금 어디예요?

B : 도서관에 있어요.

A : ______________________________.

3) A : 지금 어디예요?

B : 세탁소에 있어요.

A : ______________________________.

4) A : 여보세요. 거기 피자나라지요? 피자 좀 주문하려고 하는데요.

B : 네, 뭐로 주문하시겠어요?

A : ______________________________.

2. V-(으)ㄹ 뻔하다

연 습 1 그림을 보고 [보기]와 같이 대화를 만들어 보세요.

Look at the pictures and complete each dialogue as shown in the example.

[보기]

A : 아까 계단*에서 <u>넘어질 뻔했어요</u>.

B : 그래요? 큰일 날 뻔했네요.

1)

A : 죄송해요. 저 때문에 기차를 ____________________.

B : 아니에요. 기차를 타서 다행이에요.

2)

A : 학생, 가방 가져가요.

B : 고맙습니다. 가방을 ____________________.

3)

A : 오늘 아침에 늦게 일어나서 회사에 ____________________.

B : 그래요? 회사에 몇 시에 도착했어요?

4)

A : 학교에 오다가 ____________________.

B : 그래요? 안 다쳤어요?

5)

A : 오늘 가스레인지* 불을 안 끄고 나와서 집에

____________________.

B : 정말 큰일 날 뻔했네요.

계단 stairs　가스레인지 gas stove

연습 2 [보기]와 같이 알맞은 단어를 골라 이야기를 만들어 보세요.

Complete the story using the correct words from the box as shown in the example.

먹다	내리다	울다	부딪히다	넘어지다	떨어뜨리다

나는 오늘 9시 10분에 일어났습니다. 10시에 여자 친구를 만나기로 했기 때문에 서둘러서 나갈 준비를 했습니다. 너무 급하게 이를 닦아서 치약*을 [보기] 먹을 뻔했습니다. 다 씻고 나서 버스 정류장으로 뛰어갔습니다. 뛰어가다가 ______________. 그리고 길을 건너다가 차에 ______________. 나는 9시 59분에 극장에 도착했습니다. 여자 친구에게 전화를 하려고 휴대 전화를 꺼내다가* 바닥*에 ______________. 그리고 영화를 볼 때 너무 슬퍼서 여자 친구 앞에서 ______________. 집에 올 때는 피곤해서 버스에서 잤습니다. 그래서 집 앞 정류장에서 못 ______________. 오늘은 참 정신없는* 하루였습니다.

치약 toothpaste 꺼내다 to take out 바닥 floor 정신(이) 없다 to be out of one's sense

3. 'ㅎ' 불규칙

연 습 1 빈칸에 알맞게 쓰세요.

Complete the table with the correct forms of each word.

	–습니다/ㅂ니다	–고	–아요/어요	–아서/어서	–(으)ㄴ	–(으)니까
파랗다*	파랗습니다					
노랗다*		노랗고				
빨갛다*			빨개요			
까맣다*				까매서		
하얗다*					하얀	
이렇다						이러니까
그렇다						
저렇다						

연 습 2 [보기]와 같이 대화를 만들어 보세요.

Complete each dialogue as shown in the example.

[보기] A : 어제 본 영화가 <u>어땠어요</u>? (어떻다)
B : 재미있었어요. 스티븐 씨도 꼭 보세요.

1) A : 샤오밍 씨는 나중에 ______________ 일을 하고 싶어요? (어떻다)
B : 저는 여행을 많이 할 수 있는 일을 하고 싶어요.

2) A : 저는 한국 생활이 좀 힘들어요. 나나 씨는 어때요?
B : 저도 처음에는 ______________ 지금은 많이 괜찮아졌어요. (그렇다)

3) A : 저는 이 옷이 마음에 들어요.
B : 네, 저도 ______________ 디자인을 좋아해요. (이렇다)

4) A : 저기 좀 보세요. 백화점 앞에 차가 정말 많네요.
B : 네, 세일을 하면 항상 ______________ 길이 막혀요. (저렇다)

파랗다 to be blue 노랗다 to be yellow 빨갛다 to be red 까맣다 to be black 하얗다 to be white

연 습 3 그림을 보고 알맞은 단어를 골라 대화를 만들어 보세요.

Look at the pictures and complete each dialogue using the correct adjective from the box.

빨갛다	노랗다	파랗다	까맣다	하얗다

1) 

A : 하늘도 ______________ 바람도 시원해서 좋네요.

B : 저도 이런 날씨를 정말 좋아해요.

2) 

A : 나나 씨, 어디 아파요? 얼굴이 ______________.

B : 감기에 걸려서 열이 나요.

3) 

A : 무슨 색을 좋아해요?

B : 분홍색, ______________처럼 밝은 색을 좋아해요.

4) 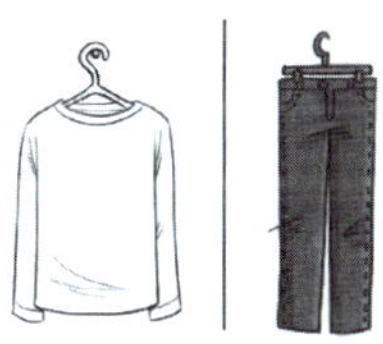

A : 저한테 어떤 옷이 어울릴까요?

B : 이 ______________ 셔츠하고 ______________ 바지가 어울릴 것 같은데 어때요?

5) 

A : 밖을 보세요. 눈이 많이 왔어요.

B : 와, 눈이 와서 밖이 다 ______________.

4. V-아/어 있다

연습 1 그림을 보고 [보기]와 같이 문장을 만들어 보세요.

Look at the pictures and create a sentence for each picture as shown in the example.

[보기]

걸리다

시계가 <u>벽에 걸려 있어요</u>.

1)

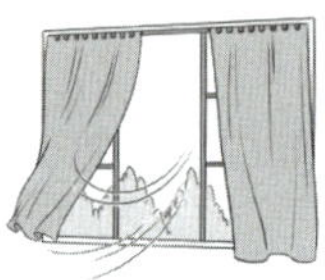

열리다

창문이 ________________________________.

2)

붙다

사진이 ________________________________.

3)

놓이다

꽃이 ________________________________.

4)

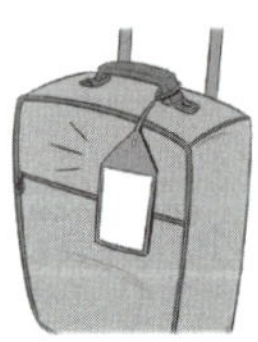

달리다

이름표*가 ________________________________.

5)

앉다

학생들이 ________________________________.

6)

눕다

할아버지가 ________________________________.

* 이름표 name tag

연 습 2 그림을 보고 [보기]와 같이 대화를 만들어 보세요.

Look at the pictures and complete each dialogue as shown in the example.

[보기]

A : 어떤 옷을 보여 드릴까요?

B : 저기 <u>걸려 있는</u> 옷 좀 보여 주세요.

1)

A : 김민수 씨가 누구예요?

B : 저기 창문 옆에 ________________ 사람이 민수 씨예요.

2)

A : 지훈 씨, 저 지금 도착했는데 어디에 있어요?

B : 커피숍 안에 ________________.

3)

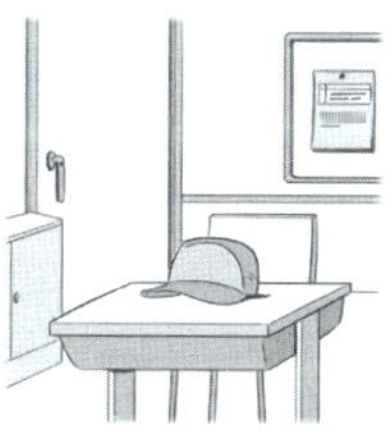

A : 저기 책상 위에 ________________ 모자는 누구 거예요?

B : 저도 잘 모르겠어요. 어제도 있었어요.

4)

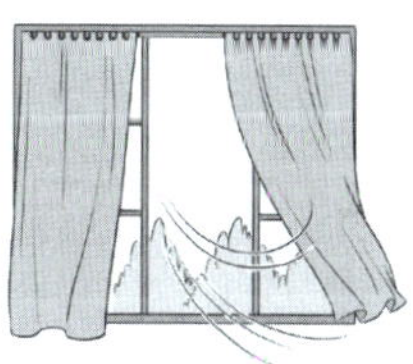

A : 방이 좀 춥네요.

B : 창문이 ________________. 제가 창문을 닫을게요.

5)

A : 동호회에 가입하려면 어떻게 해야 돼요?

B : 교실 벽에 안내문*이 ________________ 한번 읽어 보세요.

---

* 안내문 notice

문형 연습 Pattern Practice

track 17

연 습 1

[보기] 선생님(T) 부모님, 공항
학 생(S) 부모님을 공항에 모셔다 드렸어요.

1. T 동생, 유치원

   S ____________________.

2. T 어머니, 병원

   S ____________________.

3. T 할아버지, 댁

   S ____________________.

4. T 아이, 학교

   S ____________________.

연 습 2

[보기] 선생님(T) 영화를 보다, 울다
학 생(S) 영화를 보다가 울 뻔했어요.

1. T 요리를 하다, 불이 나다

   S ____________________.

2. T 길을 건너다, 사고가 나다

   S ____________________.

3. T 버스에서 내리다, 넘어지다

   S ____________________.

4. T 바다에서 수영을 하다, 죽다

   S ____________________.

연 습 3

[보기] **선생님**(T) 얼굴, 노랗다
학 생(S) 왜 그렇게 얼굴이 노래요?

1. T 팔, 까맣다

   S ______________________________?

2. T 눈, 빨갛다

   S ______________________________?

3. T 입술, 파랗다

   S ______________________________?

4. T 얼굴, 하얗다

   S ______________________________?

연 습 4

[보기] **선생님**(T) 꽃병, 책상 위, 놓이다
학 생(S) 꽃병이 책상 위에 놓여 있어요.

1. T 시계, 벽, 걸리다

   S ______________________________.

2. T 인형, 가방, 달리다

   S ______________________________.

3. T 아이, 침대, 눕다

   S ______________________________.

4. T 동생, 아버지 옆, 앉다

   S ______________________________.

18 한국에 온 지 벌써 6개월이 되었어요
It's been already six months since I came to Korea

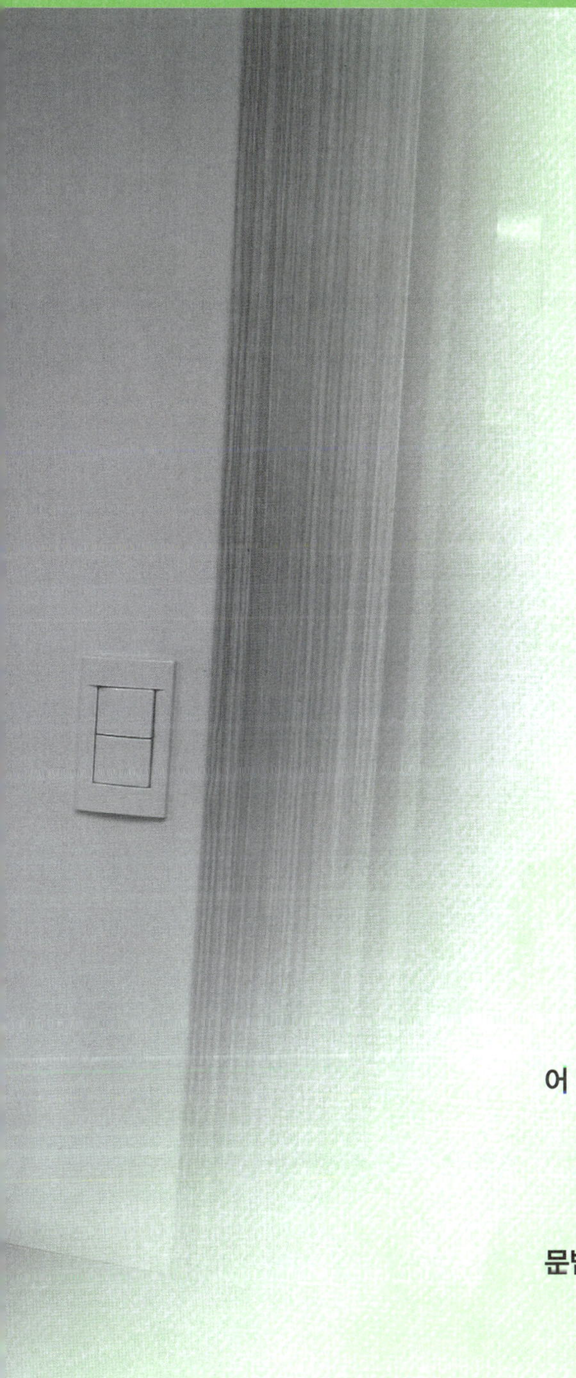

어 휘

- 감정
  Emotions
- 계절의 변화
  Changes of seasons

문법과 표현

- V-(으)ㄴ 지
- N(이)나 2
- A-다, V-ㄴ다/는다, N(이)다

문형 연습

어 휘 Vocabulary

연 습 1 빈칸에 알맞은 것을 골라 문장을 만들어 보세요.
Complete each sentence using the appropriate expression from the box.

그립다	아쉽다	정(이) 들다	기억에 남다	후회(가) 되다

1) 가장 친한 친구가 외국에 있어서 오랫동안 못 만났어요.

그 친구가 ____________________.

2) 다음 주에 우리 반 친구들이 같이 여행을 가는데 저는 사정이 있어서* 못 가게 됐어요.

여행을 같이 못 가서 ____________________.

3) 샤오밍과 기숙사에서 1년 동안 같은 방을 썼어요.

가끔 작은 일로 싸울 때도 있었지만 샤오밍과 정말 ____________________.

4) 어제 친구와 싸우다가 친구에게 나쁜 말을 했어요.

그 말을 한 것이 정말 ____________________.

5) 한국에서 지내는 동안 여러 가지 일이 있었어요.

그중에서 친구와 여행 간 일이 가장 ____________________.

연 습 2 빈칸에 알맞은 것을 골라 문장을 만들어 보세요.
Complete each sentence using the appropriate expression from the box.

쌀쌀하다	건조하다	습도가 높다	기온이 영하로 내려가다

1) 낮에는 따뜻한데 아침저녁에는 날씨가 ____________________ 따뜻한 옷을 입어야 돼요.

2) 비가 많이 오고 ____________________ 빨래가 잘 안 말라요*.

3) 오랫동안 비가 안 와서 요즘 너무 ____________________.

4) 1월에는 ____________________ 날이 많아서 아주 추워요.

사정이 있다 to have a reason/situation　마르다 to dry

연 습 3 그림을 보고 [보기]와 같이 알맞은 것을 골라 대화를 만들어 보세요.

Look at the pictures and complete each dialogue using the appropriate expression from the box.

꽃이 피다	바람이 불다	태풍이 오다	장마가 시작되다
단풍이 들다	나뭇잎이 떨어지다	얼음이 얼다	눈이 내리다

[보기]

A : 공원에 사람들이 많네요.

B : 네, 요즘 꽃이 많이 피어서 사람들이 구경하러 많이 와요.

1)

A : 지금도 ____________________?

B : 아니요, 지금은 안 와요.

2)

A : 이번 주말에 같이 등산 갈래요?

요즘 산에 ____________________ 참 아름다워요.

B : 좋아요. 저도 가고 싶었어요.

3)

A : 길에 ____________________ 미끄러우니까

조심해서 가세요.

B : 네, 안녕히 계세요.

4)

A : 보통 언제 ____________________?

B : 6월 말쯤 시작돼요.

5)

A : 날씨가 아직 좀 덥지요?

B : 네. 하지만 아침저녁에는 ____________________ 시원해요.

말 end (of)

문법과 표현 Grammar and Expression

1. V-(으)ㄴ 지

연 습 1 그림을 보고 [보기]와 같이 대화를 만들어 보세요.
Look at the pictures and complete each dialogue as shown in the example.

[보기]

A : 기숙사에 산 지 얼마나 됐어요?

B : 일주일밖에 안 됐어요.

1)

A : ____?

B : 6개월 됐어요.

2)

A : ____?

B : 일 년 정도 됐어요.

3)

A : ____?

B : 한 달쯤 됐어요.

4)

A : ____?

B : 아주 오래됐어요.

5)

A : ____?

B : 얼마 안 됐어요.

연 습 2 [보기]와 같이 문장을 바꿔 써 보세요.

Rewrite the sentences as shown in the example.

[보기] 저는 1년 동안 가족을 못 만났어요.

→ <u>저는 가족을 못 만난 지 1년 됐어요</u>.

1) 6개월 동안 고향 음식을 못 먹었어요.

→ ______________________________.

2) 2주일 동안 부모님께 전화를 못 드렸어요.

→ ______________________________.

3) 한 달 동안 청소를 안 했어요.

→ ______________________________.

4) 세 달 전부터 담배를 안 피웠어요.

→ ______________________________.

5) 오래 전부터 술을 안 마셨어요.

→ ______________________________.

2. N(이)나 2

연 습 1 그림을 보고 [보기]와 같이 대화를 만들어 보세요.
Look at the pictures and complete each dialogue as shown in the example.

[보기]

A : 밥을 좀 더 드릴까요?

B : 아니요, 벌써 <u>두 그릇이나 먹었어요</u>.

1)

A : 커피 마시러 갈까요?

B : 저는 안 마실래요. 벌써 ________________________.

2)

A : 어제 잘 잤어요?

B : 네, 피곤해서 ________________________.

3)

A : 집에 강아지가 있어요?

B : 네, ________________________.

4)

A : 한국어 배운 지 얼마나 됐어요?

B : 벌써 ________________________.

5)

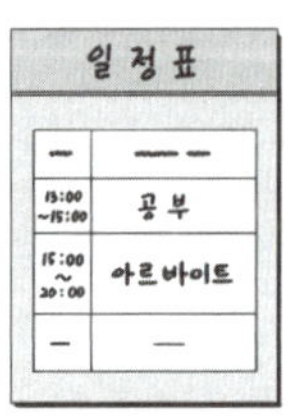

A : 하루에 몇 시간 공부해요?

B : 시간이 없어서 두 시간밖에 못 해요.

A : ________________________? 저는 30분밖에 안 해요.

6)

A : 모자가 정말 많네요. 모자가 몇 개 있어요?

B : 별로 많지 않아요. 열두 개밖에 없어요.

A : ________________________? 저는 두 개밖에 없어요.

3. A-다, V-는/ㄴ다, N(이)다

연 습 1 [보기]와 같이 문장을 바꿔 써 보세요.
Rewrite the sentences as shown in the example.

[보기]　봄은 따뜻합니다.　→ <u>봄은 따뜻하다</u>.

1) 제주도는 아름다워요. → ______________________.

2) 한국 사람의 눈은 까매요. → ______________________.

3) 저는 동생과 성격이 아주 달라요. → ______________________.

4) 동생은 지금 인터넷을 하고 있어요. → ______________________.

5) 비빔밥을 먹어 본 적이 없습니다. → ______________________.

6) 할머니가 조금 피곤하신 것 같습니다. → ______________________.

연 습 2 [보기]와 같이 문장을 바꿔 써 보세요.
Rewrite the sentences as shown in the example.

[보기]　저는 여름을 좋아해요.　→ <u>나는 여름을 좋아한다</u>.

1) 우리 형은 회사에 다녀요. → ______________________.

2) 전 그 사람의 말을 믿지 않아요. → ______________________.

3) 신발이 참 편해 보이네요. → ______________________.

4) 아이들이 밖에서 놀아요. → ______________________.

5) 나나는 긴 머리가 잘 어울려요. → ______________________.

6) 길이 복잡할 테니까 서둘러야 돼요. → ______________________.

연 습 3 [보기]와 같이 문장을 바꿔 써 보세요.

Rewrite the sentences as shown in the example.

[보기]	눈이 많이 내렸어요.	→	눈이 많이 내렸다.
	가을이 되면 시원해질 거예요.	→	가을이 되면 시원해질 것이다.
	오늘부터 방학이에요.	→	오늘부터 방학이다.

1) 늦게 일어나서 아홉 시 기차를 놓쳤어요.

→ ______________________________.

2) 친구를 집까지 데려다 주었어요.

→ ______________________________.

3) 2급에서 공부한 지 벌써 세 달이 되었습니다.

→ ______________________________.

4) 어제 저희 부모님이 한국에 오셨어요.

→ ______________________________.

5) 방학 때 여행을 했으면 좋겠어요.

→ ______________________________.

6) 저는 조금 후에 집에 갈 거예요.

→ ______________________________.

7) 지금 떠나면 늦지 않을 거예요.

→ ______________________________.

8) 내일부터 설 연휴예요.

→ ______________________________.

9) 여기는 주차장이 아니에요.

→ ______________________________.

10) 히엔 씨는 한국에 오기 전에 회사원이었습니다.

→ ______________________________.

연 습 4

[보기]와 같이 알맞는 단어를 넣어 글을 완성해 보세요.
Complete the text with the words as shown in the example.

> **[보기]** 남대문시장은 서울에서 제일 큰 시장이다. 물건이 많고 값도 싸기 때문에 사람들이 많이 간다. 남대문시장에 가면 싸고 좋은 물건을 살 수 있다.

1) 한국에 온 지 벌써 두 학기가 다 ____________. 처음보다 한국 생활에 많이 ____________. 좋은 친구도 많이 ____________. 한국에서 생활하는 것이 아주 ____________.

2) 한국에서 1월 1일은 큰 ________________. 한국 사람들은 설날에 별일이 없으면 모두 고향에 _______________. 그래서 길이 많이 ______________. 설날 아침에는 어른들께 세배를 ____________. 그리고 떡국을 ____________.

3) 감기에 걸리지 않으려면 먼저 손을 깨끗하게 씻어야 _____________. 그리고 사람이 많은 곳에 가지 않는 것이 ____________. 아주 추운 날에는 두꺼운 옷을 하나 입는 것보다 얇은 옷을 많이 입는 것이 더 ____________.

4) 나는 지난가을에 제주도에 ___________. 제주도에 도착해서 먼저 한라산에 ___________. 한라산은 높아서 올라가기가 ____________. 한라산에서 본 바다가 참 ____________. 다음에 또 가고 ____________.

문형 연습 Pattern Practice

track 18

연습 1

[보기] 선생님(T) 언제 한국에 왔어요?
학 생(S) (다섯 달) 한국에 온 지 다섯 달 됐어요.

1. T 언제 아침을 먹었어요?
   S (세 시간) ______________________.
2. T 언제부터 안경을 썼어요?
   S (오 년) ______________________.
3. T 언제부터 서울에서 살았어요?
   S (삼 개월) ______________________.
4. T 언제부터 그 친구를 안 만났어요?
   S (두 달) ______________________.

연습 2

[보기] 선생님(T) 교실에 학생이 스무 명 있어요.
학 생(S) 스무 명이나 있어요?

1. T 저는 매일 세 시간 운동해요.
   S ______________________?
2. T 한국에 온 지 십 년 됐어요.
   S ______________________?
3. T 배가 고파서 밥을 두 그릇 먹었어요.
   S ______________________?
4. T 어제 피곤해서 열두 시간 잤어요.
   S ______________________?

연 습 3

> **[보기]** **선생님**(T) 봄은 따뜻해요.
> **학 생**(S) 봄은 따뜻하다.

1. T 봄에는 여러 가지 꽃이 피어요.

   S ______________________________.

2. T 여름은 아주 더워요.

   S ______________________________.

3. T 가을에는 단풍이 들어요.

   S ______________________________.

4. T 겨울에는 하얀 눈이 내려요.

   S ______________________________.

연 습 4

> **[보기]** **선생님**(T) 여기는 서울대학교예요.
> **학 생**(S) 여기는 서울대학교다.

1. T 오늘은 월요일이에요.

   S ______________________________.

2. T 이 사진은 우리 가족사진이에요.

   S ______________________________.

3. T 이것은 내 가방이 아니에요.

   S ______________________________.

4. T 그 사람은 전에 회사원이었어요.

   S ______________________________.

복습 6

어휘와 문법 Vocabulary and Grammar

1. 정리하기

어휘

16과	한복을 입다 고향에 가다 세배(를) 하다 성묘(를) 하다 차례를 지내다 윷놀이(를) 하다	떡국 빈대떡 송편 한과 식혜	방을 닦다 장을 보다 정리(를) 하다 설거지(를) 하다 세탁기를 돌리다 청소기를 돌리다
17과	잃어버리다 놓치다 넘어지다 부딪히다 떨어뜨리다 불(이) 나다 사고가 나다 고장이 나다	하얀색[흰색] 까만색[검은색] 회색 빨간색 노란색 파란색 녹색[초록색] 연두색 분홍색 주황색 갈색 보라색	줄무늬 꽃무늬 체크무늬 물방울무늬
18과	그립다 아쉽다 정(이) 들다 후회(가) 되다 기억에 남다	꽃이 피다 바람이 불다 건조하다 장마가 시작되다 태풍이 오다 습도가 높다 단풍이 들다 나뭇잎이 떨어지다 쌀쌀하다 얼음이 얼다 눈이 내리다 기온이 영하로 내려가다	

문법

16과	V-아/어 놓다	한 달 전에 미리 기차표를 예매**해 놓았어요**.
	N 대신	여권이 없으면 여권 **대신** 외국인등록증을 내도 돼요.
	V-(으)ㄹ까 하다	이번 방학에 제주도로 여행을 **갈까 해요**.
	A/V-(으)ㄹ 테니까	오늘 시험이 끝나면 피곤**할 테니까** 내일 만나요. 제가 장을 **볼 테니까** 음식 만드는 것 좀 도와주세요.
17과	V-아다/어다 주다	할머니를 병원에 모**셔다 드렸어요**.
	V-(으)ㄹ 뻔하다	길이 많이 막혀서 비행기를 놓**칠 뻔했어요**.
	'ㅎ' 불규칙	저는 당황하면 얼굴이 빨**개져요**.
	V-아/어 있다	벽에 달력이 걸**려 있어요**.
18과	V-(으)ㄴ 지	한국에 **온 지** 벌써 여섯 달이 되었어요.
	N(이)나	배가 고파서 밥을 두 그릇**이나** 먹었어요.
	A-다 V-ㄴ다/는다 N(이)다	학교생활이 참 즐겁**다**. 시간이 참 빨리 지나**간다**. 우리 나라는 일 년 내내 따뜻한 편**이다**.

2. 확인하기

알아보기 밑줄 친 부분을 맞게 고쳐 보세요.

방에 아기가 자 있으니까 조용히 하세요.

→

저기 스티븐 씨 옆에 앉고 있는 사람이 샤오밍 씨예요.

→

연습 맞는 문장에는 O, 틀린 문장에는 X 하세요. 틀린 문장은 틀린 곳을 찾아 바르게 고쳐 보세요.

1. 제 방 벽에 가족사진이 걸려 있어요. (   )

→

2. 지금 지하철을 타 있어서 전화가 잘 안돼요. (   )

→

3. 창문이 열려 있어서 바람이 많이 들어와요. (   )

→

4. 교실에 앉을 자리가 없어서 서 있는 사람이 많아요. (   )

→

5. A : 나나 씨는 지금 어디에 있어요?
   B : 몸이 안 좋아서 방에 눕고 있어요. (   )

→

3. 평가하기

제한 시간 20분 | 내 점수 : / 20

[1–2] 밑줄 친 것과 의미가 같은 것을 고르세요.

1. A : 추석에 고향에 가려면 표를 빨리 사 놓아야 돼요.
   B : 네, 저는 일주일 전에 예매해 ( ).

   ① 있어요 ② 주었어요 ③ 두었어요 ④ 버렸어요

2. A : 지금도 눈이 와요?
   B : 네, 아직 ( ) 있어요.

   ① 피고 ② 불고 ③ 들고 ④ 내리고

[3–4] 밑줄 친 것과 의미가 반대되는 것을 고르세요.

3. A : 지금 태국은 비가 많이 와서 습도가 높아요.
   B : 그래요? 한국은 비가 안 와서 ( ).

   ① 쌀쌀해요 ② 건조해요 ③ 내려가요 ④ 익숙해요

4. A : 아침에 휴대 전화 고치러 갔다 왔어요.
   B : 어디가 ( )?

   ① 넘어졌어요 ② 떨어졌어요 ③ 사고 났어요 ④ 고장 났어요

[5–10] (　　　)에 알맞은 것을 고르세요.

5. A : 스티븐 씨, 지금 뭐 하고 있어요?
   B : 방이 더러워서 청소기 (　　　　　) 있어요.

   ① 닦고　② 쓰고　③ 돌리고　④ 만지고

6. A : 벌써 음식 만들 재료를 다 샀어요?
   B : 네, 내일은 시장이 문을 닫으니까 오늘 (　　　　　) 샀어요.

   ① 미리　② 자꾸　③ 계속　④ 새로

7. A : 지금 천 원짜리가 없는데 어떻게 하지요?
   B : 걱정하지 마세요. 제가 (　　　　　) 낼게요.

   ① 내내　② 대신　③ 원래　④ 갑자기

8. A : 나나 씨, 건강하게 잘 지내세요. 많이 보고 싶을 거예요.
   B : 네, 저도 히엔 씨가 정말 (　　　　　) 거예요.

   ① 새로울　② 그리울　③ 익숙할　④ 소중할

9. A : 샤오밍 씨, 다리가 왜 그래요? 다쳤어요?
   B : 네, 농구하다가 다른 사람하고 (　　　　　) 넘어졌어요.

   ① 붙어서　② 부딪혀서　③ 떨어뜨려서　④ 미끄러워서

10. A : 유진 씨는 한국 생활 중에 어떤 일이 가장 (　　　　　)?
    B : 친구들하고 같이 여행 갔을 때가 정말 즐거웠어요.

    ① 후회가 돼요　② 짜증이 나요　③ 사랑에 빠져요　④ 기억에 남아요

[11–12] 틀린 문장을 고르세요.

11. ① 작년에 산 옷이 잘 맞지 않는다.
    ② 집 앞에 있는 가게에서 신문을 판다.
    ③ 나나 씨가 신은 신발이 참 편해 보인다.
    ④ 저는 수업이 끝나면 바로 집에 가고 싶다.

12. ① 하늘이 파랗니까 기분이 참 좋아요.
    ② 노란 단풍잎이 많이 떨어져 있어요.
    ③ 아이의 눈이 까매서 참 예뻐 보여요.
    ④ 어젯밤에 온 눈 때문에 밖이 하얘졌어요.

[13–14] (　　　)에 알맞은 것을 고르세요.

13. A : 아침에 지하철에서 잠이 들어서 못 (　　　　　　).
B : 저도 요즘 가끔 그럴 때가 있어요.

① 내릴 뻔했어요
② 내린 것 같아요
③ 내리려고 했어요
④ 내릴지 모르겠어요

14. A : 방학 계획 세웠어요?
B : 아직 결정하지는 못했는데 기타를 (　　　　　　).

① 배워 볼까 해요
② 배우게 되었어요
③ 배우기로 했어요
④ 배우는 편이에요

[15–16] (　　　)에 알맞은 것을 고르세요.

15. A : 공항에 갔다 왔어요?
B : 네, 친구가 오늘 고향에 돌아가서 공항까지 (　　　　　　) 왔어요.

① 사다 주고
② 갖다 주려고
③ 데려다 주고
④ 모셔다 드리러

16. A : 김 선생님께서 지금 댁에 계실까요?
B : 아니요, 수업 때문에 학교에 (　　　　　　) 학교로 전화해 보세요.

① 계실 거라서
② 계실 테니까
③ 계시기 때문에
④ 계실 것 같아서

[17-18] 다음을 읽고 질문에 답하세요.

A : 어떻게 오셨습니까?
B : 조금 전에 여기에 휴대 전화를 놓고 나갔는데요.
A : 휴대 전화가 어떻게 (㉠)?
B : 하얀색이고 까만색 인형이 (㉡) 있어요.

17. ㉠에 들어갈 알맞은 것을 고르세요.
① 생겼어요 ② 들었어요 ③ 놓았어요 ④ 그렸어요

18. ㉡에 들어갈 알맞은 것을 고르세요.
① 누워 ② 열려 ③ 달려 ④ 놓여

[19-20] 다음을 읽고 질문에 답하세요.

(㉠) 12월이 되었다. 이제 올해도 며칠밖에 남지 않았다. 지나간 시간들을 생각해 보면 힘든 일이 많이 있었다. 하지만 힘들 때 함께해 준 친구들이 있어서 그 시간을 잘 보낼 수 있었다. 친구들에게 받은 소중한 사랑을 나도 다른 사람들에게 꼭 (㉡).

19. ㉠에 들어갈 알맞은 것을 고르세요.
① 벌써 ② 내내 ③ 거의 ④ 혹시

20. ㉡에 들어갈 알맞은 것을 고르세요.
① 돌려줄 뻔했다 ② 돌려주고 싶다
③ 돌려줘도 된다 ④ 돌려준 적이 있다

듣기 Listening

track 19 내 점수 : / 15

[1–2] 잘 듣고 알맞은 그림을 고르세요.

1. ① 

② 

③ 

④ 

2. ① 

② 

③ 

④ 

[3–7] 잘 듣고 맞는 대화를 고르세요.

3. ① ② ③ ④

4. ① ② ③ ④

5. ① ② ③ ④

6. ① ② ③ ④

7. ① ② ③ ④

[8–9] 다음은 무엇에 대해 말하고 있습니까?

8. ① 경험 ② 건강 ③ 계획 ④ 계절

9. ① 방학 ② 음식 ③ 명절 ④ 집안일

[10–11] 잘 듣고 대화 내용과 같은 것을 고르세요.

10. ① 여자는 한국 전통 요리를 배운다.
② 두 사람은 세 달 전에 한국에 왔다.
③ 남자는 여자를 자기 집에 초대할 것이다.
④ 여자의 고향 음식은 한국 음식과 비슷하다.

11. ① 여자는 신분증을 만들러 왔다.
② 여자는 아직 지갑을 찾지 못했다.
③ 두 사람은 지금 지하철역에 있다.
④ 지갑에는 빨간색 물방울무늬가 있다.

[12-13] 잘 듣고 질문에 맞는 답을 고르세요.

12. 들은 내용과 같은 것을 고르세요.
   ① 여자는 지금 고향으로 돌아가고 싶다.
   ② 여자는 한국에 온 지 한 달 정도 되었다.
   ③ 여자는 부모님과 생각이 달라서 고민이다.
   ④ 여자는 대학교에서 한국어를 전공하고 있다.

13. 여자는 이제 무엇을 할 것입니까?
   ① 대학에 등록을 할 것이다.
   ② 친구에게 전화를 할 것이다.
   ③ 부모님께 이메일을 쓸 것이다.
   ④ 고향에 가는 비행기 표를 예약할 것이다.

[14-15] 잘 듣고 질문에 맞는 답을 고르세요.

14. 지금 여자의 기분은 어떻습니까?
   ① 아쉽다
   ② 창피하다
   ③ 후회가 된다
   ④ 기대가 된다

15. 들은 내용과 같은 것을 고르세요.
   ① 이 글을 쓴 계절은 여름이다.
   ② 이 사람은 쇼핑을 하러 명동에 갔다.
   ③ 삼청동은 사람이 많아서 아주 복잡하다.
   ④ 이 사람은 경복궁에 가는 것을 좋아한다.

읽기와 쓰기 Reading and Writing

제한 시간 20분　　내 점수 :　　/ 16

[1–2] 다음을 읽고 맞지 않는 것을 고르세요.

1.

〈설날 기차표 예매 안내〉

예매일	시간	예약 방법	도착역
01–09(수)	07:00 – 09:00	인터넷	부산
	09:00 – 11:00	역, 여행사	
01–10(목)	07:00 – 09:00	인터넷	광주
	09:00 – 11:00	역, 여행사	

① 부산에 가는 기차표는 1월 9일에 판다.
② 이 표를 보고 기차표 가격을 알 수 있다.
③ 인터넷으로 예매할 수 있는 시간은 두 시간이다.
④ 목요일 오전에 역에서 광주 가는 표를 살 수 있다.

2.

〈지하철 유실물 센터 이용 안내〉

혹시 지하철에 물건을 놓고 내리셨습니까?
지금 바로 지하철 유실물 센터로 문의하세요.

역에 내린 시간과 내린 곳을 기억하세요. 그리고 사무실로 오셔서 알려 주시면 더 빨리 찾으실 수 있습니다.

- 유실물 센터 이용 시간 (월~금) 07:00 – 22:00
  1, 2호선 시청역 유실물 센터 (02-6110-1122)
  3, 4호선 충무로역 유실물 센터 (02-6110-3344)

※ 토요일, 일요일, 공휴일, 이용 시간 외에는 인터넷 홈페이지를 이용해 주세요.
※ 유실물 센터 홈페이지에 오시면 지금 들어와 있는 유실물을 사진으로 보실 수 있습니다.

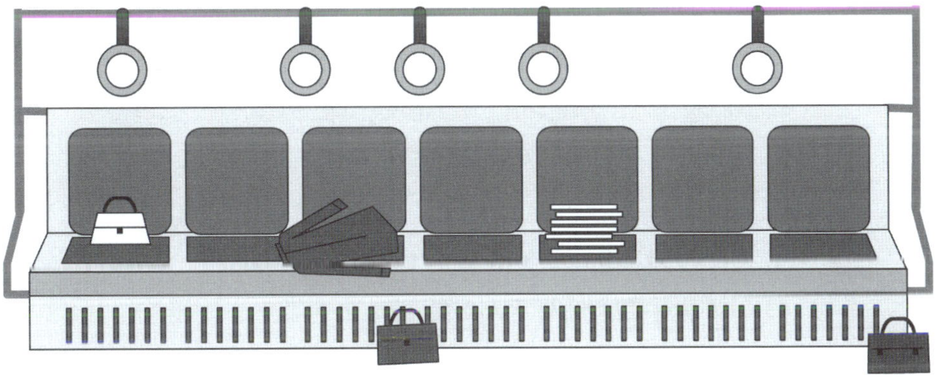

① 휴일에는 유실물 센터가 문을 열지 않는다.
② 지하철 1 · 2호선 유실물 센터는 시청역에 있다.
③ 주말에는 유실물 센터에 전화로 문의할 수 있다.
④ 지하철에서 내린 시간과 위치를 알면 더 찾기가 편하다.

[3-4] 다음을 읽고 글의 내용과 같은 것을 고르세요.

3\.

우리 고향의 여름과 한국의 여름은 비슷하다. 습도가 높고 태풍이 자주 온다. 하지만 우리 고향이 한국보다 훨씬 더 덥다. 보통 기온이 40도까지 올라가는 날이 많은 편인데 한국은 제일 더울 때가 35도쯤 된다. 그래서 한국에서 여름을 보내는 것은 별로 불편하지 않다. 하지만 겨울은 너무 추워서 지내기가 좀 힘들 때가 있다. 우리 고향은 얼음도 얼지 않고 눈도 내리지 않기 때문이다. 그래도 눈이 오는 날 친구들과 눈사람을 만드는 것은 정말 즐겁다.

① 한국은 겨울에 태풍이 자주 온다.
② 한국은 여름에 습도가 높은 편이다.
③ 이 사람의 고향은 여름에 별로 덥지 않다.
④ 이 사람의 고향은 일 년 내내 추운 편이다.

4\.

한국에서 여러 계절을 볼 수 있고 계절마다 다른 분위기의 사진을 찍을 수 있는 것이 참 즐겁다. 봄에는 꽃 사진을 많이 찍었다. 여름에는 초록색 나무들과 파란 바다를 찍었다. 그리고 지금은 단풍 사진을 많이 찍고 있다. 가을이 되어서 나뭇잎들이 빨간색, 노란색으로 옷을 바꿔 입은 것이 참 아름답다. 겨울이 되면 눈 사진을 찍고 싶다. 하얀 눈 사진을 찍으면 정말 아름다울 것 같다. 내년 봄에 고향에 돌아가면 한국에서 찍은 사진으로 전시회를 할 것이다.

① 지금은 겨울이라서 눈이 많이 내린다.
② 이 사람은 고향에서 전시회를 하려고 한다.
③ 이 사람은 올해 말에 고향에 돌아갈 것이다.
④ 지금까지 찍은 사진 중에서 눈 사진이 가장 마음에 든다.

[5–6] 다음을 읽고 질문에 답하세요.

"차 없는 광화문 광장"
추석 전통문화 한마당

즐거운 추석 오후 광화문 광장으로 오세요.
차 없는 광화문 광장에 다양한 공연과 체험 행사가 준비되어 있습니다.

구분	시간	내용
• 공연	14:00 – 16:00	사물놀이, 탈춤
• (㉠)	14:00 – 18:00	윷놀이 대회, 강강술래
• 명절 음식 체험	16:00 – 18:00	송편, 빈대떡, 한과 만들기
• 한복 체험	14:00 – 20:00	한복을 무료로 빌려드립니다.

※ 모든 공연과 체험 행사는 무료입니다.
※ 윷놀이 대회에 참가하신 분께는 작은 선물을 드립니다.
※ 행사 당일에는 광화문에 차를 가지고 들어올 수 없습니다. 지하철이나 버스를 이용하시기 바랍니다.

5. ㉠에 들어갈 알맞은 것을 고르세요.

① 전통 놀이　　② 전통 음악
③ 전통 미술　　④ 전통 음식

6. 이 글의 내용과 같은 것을 고르세요.

① 이 행사에 가면 한복을 입어 볼 수 있다.
② 사물놀이 공연은 오후 네 시에 시작한다.
③ 추석에는 지하철이나 버스가 다니지 않는다.
④ 모든 체험 행사에 참가하면 선물을 받을 수 있다.

[7-8] 다음을 읽고 질문에 답하세요.

한국어를 배운 지 1년이 되었다. 처음 한국에 왔을 때는 한국어를 전혀 몰랐기 때문에 모르는 곳을 갈 때마다 친구들이 데려다 주었다. (㉠) 하지만 지금은 한국어 실력이 많이 늘어서 나 혼자 여행도 할 수 있게 되었다. (㉡) 그동안 한국에 살면서 많은 추억을 만들었다. (㉢) 명절을 한국 가족들과 보내면서 한국 문화도 더 잘 알 수 있게 되어서 정말 좋았다. (㉣) 고향에 돌아가면 한국에서 보낸 시간들이 많이 그리울 것 같다.

7. ㉠ ~ ㉣ 중에서 다음 문장이 들어갈 알맞은 곳을 고르세요.

특히 기억에 남는 일은 설날을 한국 친구 집에서 보낸 것이다.

① ㉠　② ㉡　③ ㉢　④ ㉣

8. 이 글의 내용과 같은 것을 고르세요.
① 이 사람은 명절 때마다 고향에 다녀왔다.
② 이 사람은 고향에 돌아간 지 얼마 안 되었다.
③ 이 사람은 한국에 와서 처음 한국어를 배웠다.
④ 이 사람은 지금도 모르는 곳에 혼자 가지 못한다.

[9-10] 다음을 읽고 질문에 답하세요.

달리기 선수는 달리면서 뒤를 돌아보지 않습니다. 뒤를 돌아보면 빨리 달릴 수 없고 넘어지기 쉽기 때문입니다. 인생도 달리는 것과 비슷합니다. 달리다가 뒤를 돌아보는 것은 인생에서 (㉠) 같습니다. 후회를 많이 하는 사람은 시험을 잘 못 보면 시험공부를 더 많이 안 한 것을 후회하고 약속에 늦으면 좀 더 일찍 출발하지 않은 것을 후회합니다. 그러나 지나간 일을 후회하는 것보다는 앞으로 어떻게 해야 할지 생각하는 것이 더 중요합니다.

9. ㉠에 들어갈 알맞은 것을 고르세요.
① 후회하는 것과　② 빨리 달리는 것과
③ 약속에 늦는 것과　④ 일찍 출발하는 것과

10. 이 글의 중심 생각으로 맞는 것을 고르세요.
① 지나간 일을 돌아보는 것이 필요하다.
② 달리기를 잘하려면 뒤를 보면 안 된다.
③ 약속에 늦지 않으려면 일찍 출발해야 한다.
④ 후회하는 것보다 미래를 준비하는 것이 중요하다.

[11-15] 빈칸에 알맞은 것을 골라 대화를 만들어 보세요.

-(으)ㄹ까 하다	-(으)ㄹ 테니까	-아/어 놓다
-(으)ㄹ 뻔하다	-(으)ㄴ 지	이나

11. A : 오늘 피곤해서 운전하다가 깜박 졸았어요.

    B : 정말요? ________________________.

12. A : 점심 맛있게 먹었어요?

    B : 네, 너무 맛있어서 밥을 ________________________.

13. A : 언제부터 한국에 살았어요?

    B : ________________________.

14. A : 지갑을 잃어버려서 차비가 없는데 어떻게 하지요?

    B : ________________________ 걱정하지 마세요.

15. A : 방학에 뭐 할 거예요?

    B : ________________________.

[16] 다음 글을 읽고 (   )에 알맞은 말을 쓰세요.

오늘 아침에 여행사에 갔다 왔다. 이번 설날에 고향에 가려고 비행기 표를 샀다. 작년처럼 표가 없어서 못 가면 큰일이니까 미리 (   ). 그래서 기분이 아주 좋다. 벌써 고향에 간 것 같다.

[17] **질문을 잘 읽고 200~300자로 글을 쓰세요.**

여러분 나라의 계절은 어떻습니까? 계절마다 하는 특별한 일이 있습니까?
여러분 나라의 계절에 대해 써 보세요.

발음 Pronunciation

1. 잘 들어 보세요. track 20

1. 주말에 사물놀이 공연을 봤어요.
2. 실내에서는 신발을 벗으세요.

2. 잘 듣고 발음에 주의하여 읽어 보세요. track 21

1. 교통이 편리한 곳으로 이사가고 싶어요.
2. 아키라 씨 연락처를 아세요?
3. 한국에서 일 년 동안 살았어요.
4. 설날에 고향에 갈 거예요.

3. 친구와 연습해 보세요. track 22

1. A : 점심에 뭐 먹을까요?
   B : 물냉면 어때요?
2. A : 한라산에 가 본 적이 있어요?
   B : 네, 작년에 가 봤어요.
3. A : 히엔 씨, 어디에서 살아요?
   B : 신림동에서 살아요.
4. 저는 작년에 제주도를 여행했습니다. 제주도는 서울보다 날씨가 따뜻하지만 바람이 많이 붑니다. 제주도는 아름다운 곳이 많은데 특히 한라산이 아주 아름답습니다. 또 제주도에는 맛있는 음식도 많습니다. 나중에 시간이 나면 제주도에 또 갈 것입니다.

말하기 Speaking

1. 주사위를 던져서 나온 숫자에 해당하는 질문을 읽고 친구들에게 이야기해 보세요.

여러분 나라에서는 명절에 고마운 사람들에게 선물을 합니까?

보통 어떤 선물을 합니까? 그 선물을 하는 특별한 의미가 있습니까?

여러분은 보통 언제 집안일을 합니까?

특별히 좋아하거나 싫어하는 집안일이 있습니까? 이야기해 보세요.

지금까지 살면서 죽을 뻔한 적이 있습니까?

언제 무슨 일이 있었는지 이야기해 보세요.

여러분 방에는 무엇이 있습니까?

방 안의 모습을 설명해 보세요.

한 학기를 보내면서 아쉽거나 후회되는 일은 무엇입니까?

이야기해 보세요.

고향에 돌아가면 한국 생활 중에서 무엇이 가장 그리울 것 같습니까?

이야기해 보세요.

2. 유실물 센터 직원과 손님이 되어 이야기해 보세요.

아침에 지하철 2호선에 가방을 놓고 내렸습니다.

가방에는 노트북과 한국어 책이 들어 있습니다.

다음 주가 시험인데 가방을 못 찾으면 큰일입니다.

유실물 센터 직원입니다. 손님과 이야기해 보세요.

듣기 지문 Listening Scripts

복습 4

[1–2]

track 5 p.63

1. 남 : 어떻게 해 드릴까요?
   여 : 앞머리를 조금만 다듬어 주세요.
2. 남 : 이 약은 하루에 세 번, 식후에 드시면 됩니다.
   여 : 모두 얼마죠?
   남 : 오천삼백 원이에요.

[3–7]

p.64

3. ① 남 : 음식이 입에 잘 맞아?
   여 : 그래. 분위기가 참 좋네.
   ② 남 : 음식이 입에 잘 맞아?
   여 : 아니, 좀 작은 것 같은데.
   ③ 남 : 음식이 입에 잘 맞아?
   여 : 난 불고기를 제일 좋아해.
   ④ 남 : 음식이 입에 잘 맞아?
   여 : 응, 좀 매운 편인데 맛있다.
4. ① 여 : 어디가 아파서 오셨어요?
   남 : 몸살이 난 것 같아요.
   ② 여 : 어디가 아파서 오셨어요?
   남 : 아직 다 안 나았어요.
   ③ 여 : 어디가 아파서 오셨어요?
   남 : 푹 쉬면 괜찮을 거예요.
   ④ 여 : 어디가 아파서 오셨어요?
   남 : 쭉 가면 병원이 있어요.
5. ① 남 : 건강을 위해서 운동을 해 보는 게 어때요?
   여 : 운동을 해서 건강해 보여요.
   ② 남 : 건강을 위해서 운동을 해 보는 게 어때요?
   여 : 매일 한 시간씩 하는 게 좋아요.
   ③ 남 : 건강을 위해서 운동을 해 보는 게 어때요?
   여 : 하고는 싶은데 할 시간이 없어요.
   ④ 남 : 건강을 위해서 운동을 해 보는 게 어때요?
   여 : 사람마다 좋아하는 운동이 달라요.
6. ① 여 : 정우 씨는 누구를 닮았어요?
   남 : 저와 친구는 키가 비슷해요.
   ② 여 : 정우 씨는 누구를 닮았어요?
   남 : 아버지를 닮았으면 좋겠어요.
   ③ 여 : 정우 씨는 누구를 닮았어요?
   남 : 저는 어머니를 많이 닮았어요.
   ④ 여 : 정우 씨는 누구를 닮았어요?
   남 : 형과 저는 별로 닮지 않았어요.
7. ① 남 : 오늘 밤에 무슨 영화를 보기로 했어요?
   여 : 저는 액션 영화를 볼래요.
   ② 남 : 오늘 밤에 무슨 영화를 보기로 했어요?
   여 : 코미디 영화를 볼 거예요.
   ③ 남 : 오늘 밤에 무슨 영화를 보기로 했어요?
   여 : 그 영화는 어제 저녁에 봤어요.
   ④ 남 : 오늘 밤에 무슨 영화를 보기로 했어요?
   여 : 저는 슬픈 영화를 자주 보는 편이에요.

[8–9]

p.64

8. 남 : 와, 남자 친구가 영화배우같이 생겼네요.
   여 : 그래요? 눈썹이 진하고 눈이 커서 그런 것 같아요.
9. 남 : 켈리 씨는 어떤 사람을 사귀고 싶어요?
   여 : 저는 같이 재미있게 이야기할 수 있는 사람을 만나고 싶어요.

[10–11]

p.64

10. 남 : 히엔, 어디 아파? 얼굴이 안 좋아 보여.
    여 : 음, 속이 안 좋고 토할 것 같아.
    남 : 점심에 뭐 잘못 먹었어?
    여 : 잘 모르겠어. 점심 먹고 소화가 잘 안돼서 소화제를 먹었는데 계속 아파.
    남 : 그럼 병원에 가 보는 게 어때? 내가 같이 가 줄게.
11. 여 : 네, 엄마손식당입니다.
    남 : 저, 주문 좀 하려고 하는데요. 지금 냉면 되나요?
    여 : 죄송합니다. 냉면은 여름 메뉴라서 안 되고요. 비빔국수는 되는데요.
    남 : 그럼 여기 하나빌딩 2층인데요. 비빔국수 두 그릇만 갖다 주세요.
    여 : 네, 감사합니다. 곧 갖다 드리겠습니다.

[12–13] p.65

남 : 유진 씨, 무슨 일 있었어요? 기분이 안 좋아 보이네요.

여 : 오늘 아침에 스티븐이랑 싸웠어요.

남 : 무슨 일 때문에 싸웠어요?

여 : 스티븐이 제가 지난 생일에 선물한 시계를 잃어버렸어요.

남 : 그래요? 속상했겠네요.

여 : 네, 값도 비싸고 좋은 거라서 더 속상해요. 스티븐은 성격이 급하고 꼼꼼하지 않아서 잃어버리는 게 많아요.

남 : 유진 씨하고 스티븐 씨는 성격이 많이 다르지요?

여 : 네, 스티븐하고 저는 성격이 달라서 싸울 때가 많아요.

남 : 성격이 달라서 더 잘 어울리는 것 같은데요? 유진 씨는 꼼꼼하고 스티븐 씨는 그렇지 않고, 유진 씨는 내성적이고 조용한 편인데 스티븐 씨는 활발하니까 같이 있으면 좋은 점이 더 많을 것 같아요.

[14–15] p.65

여 : 정우야, 어제 오후에 명동에 있는 백화점에 가지 않았어?

남 : 응, 부모님 선물 사러 갔었는데……. 어떻게 알았어?

여 : 거기서 친구하고 만나기로 해서 갔는데 지나가면서 봤어. 같이 온 사람이 여동생이지?

남 : 동생이 아니고 우리 누나야.

여 : 너보다 어려 보였는데 누나야?

남 : 누나가 나이보다 어려 보여서 그런 말을 많이 들어. 나보다 네 살 많아.

여 : 그렇구나. 얼굴도 많이 닮고 어려 보여서 동생이라고 생각했어. 누나하고 성격도 비슷해?

남 : 우리 누나는 외모는 여성적인데 성격은 좀 남성적인 편이야. 그래서 난 누나랑 이야기도 많이 하고 친구처럼 지내.

여 : 누나하고 친하게 지내서 좋겠다. 난 오빠랑 별로 안 친한데.

복습 5

[1–2] track 12 p.123

1. 여 : 다음 달에 이사를 하려고 하는데 좋은 원룸이 있나요?
   남 : 네, 손님. 지하철역 근처에 좋은 원룸이 있는데 한번 가 보시겠어요?
2. 여 : 손님, 공연장에 꽃은 가지고 들어가실 수 없습니다.
   남 : 아, 그래요? 그럼 어떻게 해야 하나요?
   여 : 저쪽에 맡기시면 됩니다.

[3–7] p.124

3. ① 남 : 번지 점프를 해 본 적이 있어요?
   여 : 아니요, 잘할 것 같아요.
   ② 남 : 번지 점프를 해 본 적이 있어요?
   여 : 네, 할 수 있을지 모르겠어요.
   ③ 남 : 번지 점프를 해 본 적이 있어요?
   여 : 아니요, 저는 무서운 것을 좋아해요.
   ④ 남 : 번지 점프를 해 본 적이 있어요?
   여 : 네, 뉴질랜드에 여행 갔을 때 해 봤어요.
4. ① 여 : 한국 생활 중에서 뭐가 제일 힘들어요?
   남 : 학교에 일찍 가면 돼요.
   ② 여 : 한국 생활 중에서 뭐가 제일 힘들어요?
   남 : 전보다 많이 괜찮아졌어요.
   ③ 여 : 한국 생활 중에서 뭐가 제일 힘들어요?
   남 : 버스 타기가 제일 불편해요.
   ④ 여 : 한국 생활 중에서 뭐가 제일 힘들어요?
   남 : 힘들기는 하지만 재미있어요.
5. ① 남 : 한국에서는 지하철에서 전화를 해도 돼요?
   여 : 네, 오늘 전화하기로 했어요.
   ② 남 : 한국에서는 지하철에서 전화를 해도 돼요?
   여 : 아니요, 전화 걸기가 어려워요.
   ③ 남 : 한국에서는 지하철에서 전화를 해도 돼요?
   여 : 네, 하지만 큰 소리로 하면 안 돼요.
   ④ 남 : 한국에서는 지하철에서 전화를 해도 돼요?
   여 : 아니요, 어디에서 하는지 잘 모르겠어요.
6. ① 여 : 졸업한 후에 뭐 할 거예요?
   남 : 취직하기가 어려워졌어요.
   ② 여 : 졸업한 후에 뭐 할 거예요?
   남 : 잘할 수 있을지 모르겠어요.
   ③ 여 : 졸업한 후에 뭐 할 거예요?
   남 : 아직 생각해 본 적이 없어요.
   ④ 여 : 졸업한 후에 뭐 할 거예요?
   남 : 내일 시험이 있기 때문에 바빠요.
7. ① 남 : 한국에 처음 왔을 때 어디에 살았어요?
   여 : 부동산에 물어보세요.
   ② 남 : 한국에 처음 왔을 때 어디에 살았어요?

여 : 학교 기숙사에서 살았어요.

③ 남 : 한국에 처음 왔을 때 어디에 살았어요?

여 : 원룸을 구하기는 했지만 비싸요.

④ 남 : 한국에 처음 왔을 때 어디에 살았어요?

여 : 교통이 편하기 때문에 살기 좋아요.

[8–9] p.124

8. 여 : 스티븐 씨는 어디에 돈을 제일 많이 써요?

남 : 저는 집세와 식비가 제일 많이 들어요.

9. 여 : 한국에서는 어른들께 어떻게 인사해요?

남 : 어른들을 만나면 보통 고개를 숙여서 인사해요.

[10–11] p.124

10. 여 : 누구세요?

남 : 네, 옆집 학생인데요. 이사를 가게 돼서 인사드리러 왔어요.

여 : 어서 들어와요. 어디로 이사 가세요?

남 : 학교 근처 원룸으로 가요. 이 집이 조용해서 좋기는 한데 교통비가 좀 많이 들어서요.

여 : 그래요?

남 : 네. 그동안 제가 없을 때 택배도 받아 주시고 여러 가지로 많이 도와주셔서 감사했습니다.

여 : 아, 아니에요. 그럼 이사 잘 하고 건강하게 잘 지내요. 그리고 나중에 시간 되면 한번 놀러 와요.

11. 여 : 아키라 씨는 한국에 처음 왔을 때 뭐가 제일 불편했어요?

남 : 처음에 운전하기가 좀 힘들었는데 지금은 많이 괜찮아졌어요.

여 : 길이 복잡해서 운전하기가 어렵지요?

남 : 우리 고향도 큰 도시라서 복잡한 건 비슷한데, 운전하는 자리가 반대이기 때문에 익숙해질 때까지 시간이 좀 걸렸어요.

여 : 아, 일본은 운전석이 오른쪽이죠?

남 : 네. 그래서 아직도 가끔 택시에서 내릴 때 잊어버리고 반대쪽 문으로 내릴 때가 있어요.

[12–13] p.125

남 : 취직 시험 준비는 잘하고 있어?

여 : 음, 내일 회사 면접이 있어.

남 : 그래? 긴장하지 말고 인터뷰 잘하고 와.

여 : 한국어로 인터뷰를 하는데 잘할 수 있을지 모르겠어.

남 : 그동안 많이 연습했으니까 잘할 수 있을 거야. 너무 걱정하지 마.

여 : 고마워. 그런데 인터뷰할 때 어떤 옷을 입고 가는 게 좋아? 난 치마 입는 게 불편한데 바지를 입고 가도 괜찮을까?

남 : 보통 치마를 많이 입기는 하지만 바지를 입고 가도 괜찮아. 그런데 내일 면접 끝나고 약속 있어?

여 : 아니.

남 : 그럼 끝나면 전화해. 같이 저녁 먹자.

여 : 고마워. 내일 전화할게.

[14–15] p.125

여 : 고향 뉴스의 이지은 기자입니다. 요즘 은퇴 후에 시골로 내려가 사시는 분이 많아지고 있는데요. 오늘은 제주도로 내려와서 살고 계시는 김민석 씨를 모시고 이야기를 나눠 보겠습니다. 선생님, 안녕하세요?

남 : 네, 안녕하세요.

여 : 선생님께서는 서울에서 태어나서 계속 서울에서만 생활하셨는데 어떻게 은퇴 후에 제주도에 살게 되셨습니까?

남 : 5년 전에 제주도로 여행을 왔었는데 그때 제주도와 사랑에 빠졌습니다. 공기도 맑고 경치도 너무 아름다워서 오게 되었습니다.

여 : 지금까지 제주도에서 3년을 사셨는데요. 이곳 생활이 어떠십니까?

남 : 제주도로 이사를 올 때 준비를 많이 하지 못하고 왔기 때문에 처음에는 많이 힘들었습니다. 하지만 이웃들이 많이 도와주셔서 지금은 잘 지내고 있습니다.

여 : 지금 제주도에서는 어떤 일을 하고 계신가요?

남 : 여행 오는 사람들에게 방을 빌려주는 민박을 하고 있습니다.

여 : 은퇴 후에 제주도로 이사하려는 사람들이 늘고 있는데 해 주실 말씀 있으십니까?

남 : 이곳으로 이사 오시기 전에 잠깐 동안 살아 보는 것이 좋을 것 같습니다.

여 : 네, 오늘 좋은 말씀 감사합니다. 앞으로 계속 행복하고 건강하게 지내시기 바랍니다.

복습 6

[1–2]

track 19 p.183

1. 여 1 : 지금 시간 있으면 여기 정리하는 것 좀 도와줄래?
   여 2 : 그래, 같이 하자.
2. 여 : 우리가 한국에 온 지 벌써 일 년이 되었네.
   남 : 맞아. 우리가 처음 온 날도 오늘처럼 날씨가 정말 추웠지?
   여 : 응, 눈도 많이 오고 바람도 많이 불어서 기숙사까지 오는 게 정말 힘들었는데…….

[3–7]

p.184

3. ① 여 : 저기 걸려 있는 줄무늬 셔츠는 어때요?
   남 : 글쎄요, 무늬가 없는 게 더 좋을 것 같은데요.
   ② 여 : 저기 걸려 있는 줄무늬 셔츠는 어때요?
   남 : 저도 어디에 걸려 있는지 잘 모르겠어요.
   ③ 여 : 저기 걸려 있는 줄무늬 셔츠는 어때요?
   남 : 저기 오른쪽에 걸려 있어요.
   ④ 여 : 저기 걸려 있는 줄무늬 셔츠는 어때요?
   남 : 네, 꽃무늬 셔츠가 좋겠어요.
4. ① 여 : 어휴, 좀 전에 길을 건너오다가 차에 부딪힐 뻔했어.
   남 : 큰일 날 뻔했네. 괜찮아?
   ② 여 : 어휴, 좀 전에 길을 건너오다가 차에 부딪힐 뻔했어.
   남 : 정말 긴장되겠다. 그래도 잘할 수 있어.
   ③ 여 : 어휴, 좀 전에 길을 건너오다가 차에 부딪힐 뻔했어.
   남 : 지금 생각하면 후회되는 일이 많아.
   ④ 여 : 어휴, 좀 전에 길을 건너오다가 차에 부딪힐 뻔했어.
   남 : 그 길은 위험할 테니까 조심해.
5. ① 남 : 학교 올 때 커피 한 잔만 사다 줘.
   여 : 나는 벌써 두 잔이나 마셨어.
   ② 남 : 학교 올 때 커피 한 잔만 사다 줘.
   여 : 알았어, 갈 때 사 갈게.
   ③ 남 : 학교 올 때 커피 한 잔만 사다 줘.
   여 : 차 대신 커피를 마시는 게 어때?
   ④ 남 : 학교 올 때 커피 한 잔만 사다 줘.
   여 : 한국에 와서 커피를 마시게 됐어.
6. ① 여 : 카메라를 살까 하는데 어디에서 사면 좋을까요?
   남 : 인터넷에서 살까 해요.
   ② 여 : 카메라를 살까 하는데 어디에서 사면 좋을까요?
   남 : 저도 그 카메라가 마음에 들어요.
   ③ 여 : 카메라를 살까 하는데 어디에서 사면 좋을까요?
   남 : 제가 잘 아는 곳이 있는데 소개해 줄까요?
   ④ 여 : 카메라를 살까 하는데 어디에서 사면 좋을까요?
   남 : 용산에 가서 사기로 했어요.
7. ① 남 : 나나 씨, 한국에 산 지 오래됐어요?
   여 : 아니요, 삼 개월밖에 안 됐어요.
   ② 남 : 나나 씨, 한국에 산 지 오래됐어요?
   여 : 아니요, 별로 자주 가지 않았어요.
   ③ 남 : 나나 씨, 한국에 산 지 오래됐어요?
   여 : 아니요, 서울은 좀 복잡해요.
   ④ 남 : 나나 씨, 한국에 산 지 오래됐어요?
   여 : 아니요, 고향에서 일 년 동안 공부했어요.

[8–9]

p.184

8. 남 : 이번 겨울에는 눈이 참 많이 오네요. 히엔 씨 나라에도 눈이 내려요?
   여 : 아니요, 우리 나라는 일 년 내내 따뜻해서 기온이 영하로 내려가는 날이 없어요.
9. 남 : 한국에서는 설날이나 추석에 뭐 해요?
   여 : 보통 고향에 내려가서 아침에 차례를 지내요. 그리고 가족들과 음식을 먹고 나서 그동안 못 한 이야기를 해요.

[10–11]

p.184

10. 남 : 마리코 씨, 요즘도 요리 배우러 다녀요?
    여 : 네, 요즘은 한국 전통 요리를 배우고 있는데 우리 고향 음식하고 정말 달라요.
    남 : 전통 요리도 배워요? 마리코 씨, 이제 한국 요리 아주 잘하시겠네요.
    여 : 아직 배운 지 세 달밖에 안 돼서 아주 잘하지는 못해요. 나중에 저희 집에 친구들을 초대할까 하는데 그때 와서 한번 드셔 보세요.
11. 여 : 여보세요, 거기 지하철 유실물 센터지요?
    남 : 네, 그렇습니다.
    여 : 오늘 아침 11시쯤 지하철 2호선에 지갑을 두고 내린 것 같은데요. 찾을 수 있을까요?
    남 : 지갑이 어떻게 생겼습니까?
    여 : 빨간색인데 하얀색 물방울무늬가 있어요.
    남 : 안에 뭐가 들어 있습니까?

여 : 돈이 한 삼만 원쯤 있고요, 교통 카드, 외국인등록증도 들어 있어요.

남 : 음, 아직까지 그런 지갑이 들어오지 않았습니다. 들어오면 곧 연락드리겠습니다.

[12–13]

p.185

여 : 정우 씨, 저 요즘 고민이 하나 있어요.

남 : 무슨 일인데요?

여 : 저는 한국에 더 있고 싶은데 부모님은 제가 여기 있는 걸 안 좋아하세요. 저하고 부모님의 생각이 너무 달라요.

남 : 히엔 씨가 여기 온 지 거의 반년이 다 되었죠? 히엔 씨는 한국에서 뭘 하고 싶은데요?

여 : 한국어를 좀 더 배운 후에 대학에서 한국어를 전공하고 싶어요. 지금 고향으로 돌아가면 너무 아쉬울 것 같아요.

남 : 부모님도 히엔 씨의 생각을 알고 계세요?

여 : 네, 어제도 전화로 한 시간이나 이야기했어요.

남 : 히엔 씨 혼자 한국에 있으니까 부모님이 걱정을 많이 하시는 것 같네요.

여 : 부모님 마음도 이해하지만 제 꿈은 여기에서 공부하는 건데 이해를 잘 못하세요. 저도 같은 이야기를 계속해야 하니까 조금 화가 나기도 해요.

남 : 부모님이 아직 히엔 씨의 생각이나 계획을 정확하게 이해하지 못하시는 게 아닐까요? 전화 대신 이메일로 히엔 씨의 생각을 자세하게 써서 알려 드리는 건 어때요?

여 : 그게 좋겠네요. 천천히 부모님과 이야기할 시간이 필요한 것 같아요.

[14–15]

p.185

여 : 내일이면 고향에 돌아갑니다. 그래서 오늘 마지막으로 친구들과 서울을 구경했습니다. 먼저 경복궁에 갔는데 하늘도 파랗고 단풍이 들어 있어서 아주 아름다웠습니다. 나는 역사에 관심이 많아서 그동안 자주 경복궁에 가 봤는데 경복궁은 가을에 가는 것이 가장 아름다운 것 같습니다.

점심을 먹고 쇼핑을 했습니다. 보통 외국 사람들은 쇼핑하러 명동에 가지만 나는 복잡한 곳이 싫어서 삼청동에 갔습니다. 삼청동은 귀엽고 예쁜 물건을 파는 가게가 많고 사람도 적어서 편하게 구경할 수 있습니다. 나는 여기에서 고향에 있는 가족들에게 줄 선물을 사고 커피도 마셨습니다.

저녁에는 한강에 갔습니다. 한강공원에서 친구들과 치킨도 먹고 맥주도 마시면서 이야기를 많이 했습니다. 더 오래 있고 싶었지만 날씨도 쌀쌀하고 시간이 너무 늦어서 우리는 집에 돌아와야 했습니다. 고향에 돌아가면 이 시간들이 많이 그리울 것 같습니다.

모범 답안 Answer Key

10과 뭐 먹을래?

어휘 p.16

연습 2 1) 짜요 2) 매운 3) 써서 4) 단 5) 시어요

연습 3 1) 분위기 2) 서비스 3) 교통

문법과 표현

1. N 중에(서) p.18

연습 1 1) 과일 중에서
2) 음식 중에서
3) 운동 중에서
4) 우리 반 학생 중에서
5) 1년 중에서

연습 2 1) 세계에서 제일 높은 산이 어디예요
2) 한국에서 제일 큰 섬이 어디예요
3) 서울에서 제일 복잡한 곳이 어디예요
4) 학교 근처에서 제일 맛있는 식당이 어디예요
5) 우리 반에서 제일 인기가 많은 사람이 누구예요

2. 반말 p.20

연습 1 1) 나한테 2) 나는 3) 내 4) 너한테
5) 네 6) 나도

연습 2 1) 그 식당은 분위기가 좋아
2) 냉면이 좀 매워
3) 나는 매일 아침 운동을 해
4) 숙제하고 나서 영화를 볼 거야
5) 시험이 어렵지 않을 거야
6) 친구가 내 카메라를 잃어버렸어
7) 이 옷은 작년에 산 거야
8) 내일은 내 친구 생일이야
9) 극장에 사람이 정말 많네
10) 같이 커피 마시러 가자
11) 도착하면 나한테 전화해 줘
12) 내일은 늦지 마
13) 내가 전화로 주문할게
14) 주말에 같이 산에 갈까
15) 오늘 날씨가 아주 춥지

연습 3 1) 응, 지금 갈 거야
2) 그래, 가자
3) 집에서 숙제했어
4) 점심 먹으러 갈 거야
5) 내 생일은 9월 20일이야

연습 4 1) 지금 어디에서 살아?
2) 한국 생활이 재미있어?
3) 무슨 음식을 좋아해?
4) 한국어 공부 때문에 힘들지?
5) 몇 시쯤 집에 갈 거야?
6) 이름이 뭐야?
7) 오늘 점심 같이 먹을까?
8) 오늘 기분이 어때?
9) 내일 아침에 늦지 마.
10) 주말에 만나자.

연습 5 응, 괜찮아, 중이었어, 좋아하지,
응, 좋아해, 왜, 네가, 전화했어, 그래,
하는데, 물어봐, 줄게, 응, 고마워

3. V-(으)ㄹ래요 p.24

연습 1 1) 영화 보러 가려고 하는데 같이 갈래요
2) 태권도를 배우려고 하는데 같이 배울래요
3) 점심 먹으려고 하는데 같이 먹을래요
4) 산책하려고 하는데 같이 할래요
5) 테니스를 치려고 하는데 같이 칠래요

연습 2 1) 택시 타고 갈래, 지하철을 타자
2) 백화점에 갈래, 시장에 가자
3) 등산할래, 바다에 가자
4) 커피 마실래, 아이스크림 먹자

4. A-(으)ㄴ데, V-는데, N인데 2 p.26

연습 1 1) 먹는데
2) 가 봤는데
3) 가까운데
4) 좋았는데
5) 코미디 영화는 좋아하는데 무서운 영화는 별로 안 좋아해요
6) 녹차는 자주 마시는데 커피는 자주 안 마셔요

연습 2 1) 잤는데
2) 더운데
3) 잘하는데
4) 살았는데
5) 아는데

연습 3 1) 공부를 많이 못 했어요
2) 아직도 아파요
3) 배고파요
4) 안 받았어요

문형 연습 p.28

연습 1 1. 꽃 중에서 장미가 제일 예뻐
2. 한국 노래 중에서 이 노래가 제일 좋아
3. 일주일 중에서 월요일이 제일 바빠
4. 우리 반 학생 중에서 샤오밍 씨가 제일 멋있어

연습 2 1. 음악을 자주 들어
2. 집이 여기서 멀어
3. 지난 주말에 뭐 했어
4. 이번 방학에 어디에 갈 거야

연습 3 1. 이번 방학에 제주도에 갈래요
2. 저녁에 학교 앞에서 만날래요
3. 일요일에 우리 집에 올래요
4. 점심에 비빔밥을 먹을래요

연습 4 1. 김치는 좋아하는데 김치찌개는 안 좋아해요
2. 버스 정류장은 가까운데 지하철역은 멀어요
3. 얼굴은 아는데 이름은 몰라요
4. 아침에는 비가 왔는데 지금은 안 와요

11과 운동을 좀 해 보는게 어때요?

어휘 p.32

연습 1 1) 소화가 안돼요
2) 배탈이 났어요
3) 어지러워요
4) 잠을 잘 못 자요
5) 몸살이 났어요

연습 2 1) 내과 2) 안과 3) 피부과 4) 정형외과
5) 치과 6) 이비인후과

연습 3 1) 소화제, 드세요 2) 안약, 넣으세요
3) 연고, 바르세요 4) 파스, 붙이세요

문법과 표현

1. 'ㅅ' 불규칙 p.34

연습 1

나아요	낫습니다	나으니까	나아서	낫는데
지어요	짓습니다	지으니까	지어서	짓는데
부어요	붓습니다	부으니까	부어서	붓는데
저어요	젓습니다	저으니까	저어서	젓는데

연습 2 1) 저어서 2) 부었어요 3) 웃었어요
4) 나았어요 5) 지은 6) 씻으세요

2. N마다 p.35

연습 1 1) 30분마다 2) 월요일마다 3) 평일 저녁마다
4) 목요일마다 5) 날마다 6) 층마다

연습 2 1) 저는 방학 때마다 고향에 가요
2) 저는 시험 때마다 도서관에서 공부해요
3) 저는 시간이 있을 때마다 등산을 가요
4) 저는 한국어로 발표를 할 때마다 긴장돼요
5) 저는 고향 음식을 먹을 때마다 부모님 생각이 나요
6) 저는 저녁을 먹을 때마다 와인을 한 잔씩 마셔요

3. V-는 게 어때요? p.37

연습 1 1) 운동을 해 보는 게 어때요
2) 좀 쉬는 게 어때요
3) 치마를 사는 게 어때요
4) 보는 게 어때요
5) 지하철을 타는 게 어때요

4. V-기로 하다 p.38

연습 1 1) 준비하기로 했어요, 준비하기로 했어요
2) 타고 가기로 했어요, 타고 가기로 했어요
3) 일하기로 했어요, 일하기로 했어요
4) 이사 가기로 했어요, 이사 가기로 했어요
5) 만들기로 했어요, 만들기로 했어요

연습 2 1) 쇼핑하기로 했어요
2) 태권도를 배우기로 했어요
3) 공부하기로 했어요
4) 농구하기로 했어요

문형 연습

p.40

연습 1 1. 주말마다 등산을 가요
2. 수요일마다 태권도를 배워요
3. 쉬는 시간마다 친구를 만나요
4. 여섯 시간마다 약을 먹어요

연습 2 1. 영화를 볼 때마다 팝콘을 먹어요
2. 눈이 아플 때마다 안약을 넣어요
3. 이 음악을 들을 때마다 고향 생각이 나요
4. 가족이 보고 싶을 때마다 전화를 해요

연습 3 1. 병원에 가는 게 어때요
2. 커피를 줄이는 게 어때요
3. 운동을 좀 해 보는 게 어때요
4. 진화를 해 보는 게 어때요

연습 4 1. 제주도로 가기로 했어요
2. 열 시에 만나기로 했어요
3. 가족들과 저녁을 먹기로 했어요
4. 친구들과 놀기로 했어요

12과 저는 좀 조용한 편이에요

어휘

p.44

연습 1 1) 진해요, 연해요 2) 있어요, 없어요
3) 높아요, 낮아요 4) 커요, 작아요
5) 두꺼워요, 얇아요 6) 넓어요, 좁아요
7) 넓어요, 좁아요 8) 기요, 작이요

연습 2 1) 활발한 것 같아요 2) 남성적이에요
3) 성격이 급해요 4) 내성적이에요
5) 여성적인데

문법과 표현

1. A-아/어 보이다

p.46

연습 1 1) 길어 보여요
2) 커 보여요
3) 넓어 보여요
4) 많아 보여요
5) 날씬해 보여요

연습 2 1) 옷이 따뜻해 보이네요
2) 책이 어려워 보이네요
3) 케이크가 맛있어 보이네요
4) 피곤해 보이네요
5) 힘들어 보이네요

2. N처럼[같이]

p.48

연습 1 1) 여름처럼 더워요
2) 그림처럼 아름다워요
3) 시계처럼 정확해요
4) 모델처럼 키가 커요
5) 우리 집처럼 편해요

연습 2 1) 새 2) 아이 3) 가족 4) 바다 5) 영화

3. A-(으)ㄴ 편이다, V-는 편이다

p.50

연습 1 1) 넓은 편이에요
2) 꼼꼼한 편이에요
3) 전화하는 편이에요
4) 안 먹는 편이에요
5) 만드는 편이에요

4. A-게

p.52

연습 1 1) 싸게 2) 늦게 3) 크게 4) 재미있게
5) 따뜻하게 6) 바쁘게

연습 2 1) 손을 깨끗하게 씻어요
2) 책을 재미있게 읽어요
3) 음식을 맛있게 먹어요
4) 이름을 크게 말해요
5) 그림을 예쁘게 그려요

연습 3 1) 빨리 2) 열심히 3) 많이 4) 멀리
5) 천천히

문형 연습

p.54

연습 1 1. 성격이 좋아 보여요
2. 키가 커 보여요
3. 영화가 재미있어 보여요
4. 문제가 어려워 보여요

연습 2 1. 네, 저도 마리코 씨처럼 요리를 잘했으면 좋겠어요
2. 네, 저도 켈리 씨처럼 성격이 활발했으면 좋겠어요

3. 네, 저도 줄리앙 씨처럼 기타를 잘 쳤으면 좋겠어요
4. 네, 저도 샤오밍 씨처럼 키가 컸으면 좋겠어요

연습 3 1. 비싼 편이에요
2. 조용한 편이에요
3. 열심히 하는 편이에요
4. 재미있는 편이에요

연습 4 1. 네, 맛있게 먹었어요
2. 네, 싸게 샀어요
3. 네, 쉽게 구했어요
4. 네, 깨끗하게 했어요

복습 4 어휘와 문법

2. 확인하기 p.58

1. O 2. O 3. X (언니처럼이에요 → 언니 같아요)
4. O 5. X (한국 사람 같은 → 한국 사람같이)

3. 평가하기 p.59

1. ④ 2. ① 3. ④ 4. ③ 5. ③ 6. ④ 7. ②
8. ② 9. ① 10. ② 11. ① 12. ④ 13. ③ 14. ②
15. ④ 16. ③ 17. ① 18. ④ 19. ③ 20. ④

복습 4 듣기 p.63

1. ② 2. ① 3. ④ 4. ① 5. ③ 6. ③ 7. ②
8. ② 9. ④ 10. ④ 11. ② 12. ③ 13. ③ 14. ④
15. ①

복습 4 읽기와 쓰기 p.66

1. ③ 2. ② 3. ④ 4. ③ 5. ② 6. ② 7. ④ 8. ④ 9. ③ 10. ② 11. 영화 볼래요 12. 한국 음식은 매운데 고향 음식은 안 매워요 13. 피곤해 보여 14. 여성적인 편이에요 15. 일본으로 여행 가기로 했어 16. 가 보기로

13과 주변이 조용해서 살기 좋아요

어휘 p.76

연습 1 1) 시설이 잘되어 있습니다
2) 새로 지어서
3) 주변이 조용합니다
4) 전망이 좋습니다
5) 교통이 편리합니다

연습 2 1) ⑤ 2) ⑥ 3) ⑦ 4) ① 5) ②
6) ③ 7) ④

문법과 표현

1. A/V-(으)ㄹ지 모르겠다 p.78

연습 1 1) 이 케이크가 맛있을지 모르겠어요
2) 유진 씨가 오늘 학교에 올지 모르겠어요
3) 이 옷이 동생에게 맞을지 모르겠어요
4) 나나 씨가 이 선물을 좋아할지 모르겠어요

연습 2 1) 갈 수 있을지 모르겠어요
2) 탈 수 있을지 모르겠어요
3) 구할 수 있을지 모르겠어요
4) 끊을 수 있을지 모르겠어요

연습 3 1) 뭘 살지 잘 모르겠어요
2) 뭐가 좋을지 잘 모르겠어요
3) 몇 명이 올지 잘 모르겠어요
4) 언제 만날 수 있을지 잘 모르겠어요
5) 몇 시에 퇴근할 수 있을지 잘 모르겠어요
6) 어떻게 도와줄 수 있을지 잘 모르겠어요

2. A/V-기는 하지만 p.80

연습 1 1) 좀 멀기는 하지만 마음에 들어요
2) 좋아하기는 하지만 잘 못해요
3) 예쁘기는 하지만 너무 비싸요
4) 기침을 좀 하기는 하지만 괜찮아요
5) 좀 맵기는 하지만 맛있어요
6) 먹기는 하지만 좋아하지는 않아요

연습 2 1) 영화 보는 것을 좋아하기는 하지만 요즘 바빠서 자주 못 봐요
2) 요리하는 것을 좋아하기는 하지만 잘하지는 못해요
3) 지금 사는 집이 좋기는 하지만 관리비가 좀 비싸요
4) 우리 반 학생들은 좀 시끄럽기는 하지만 착하고 좋은 친구들이에요

연습 3 1) 하겠지만 2) 했지만 3) 하지만
4) 하겠지만

3. A/V-기 때문에, N(이)기 때문에 p.82

연습 1 1) 길이 복잡하기 때문에
2) 관리비가 싸기 때문에
3) 문화가 다르기 때문에
4) 학교 근처에서 살기 때문에
5) 계약이 끝나기 때문에

연습 2 1) 일이 힘들기 때문에
2) 출근 시간이기 때문에
3) 휴대 전화를 잃어버렸기 때문에
4) 어제 잠을 잘 못 잤기 때문에
5) 우리 집은 산 옆에 있기 때문에

연습 3 1) 일 때문에
2) 집주인 때문에
3) 숙제 때문에
4) 도서관이기 때문에
5) 주말 저녁이기 때문에
6) 눈 때문에
7) 세일 기간이기 때문에

4. V-기(가) A p.84

연습 1 1) 산책하기 좋아요
2) 집 찾기 쉬워요
3) 읽기가 어려워요
4) 연락하기 불편해요
5) 여행하기 편해요

유형 연습 p.86

연습 1 1. 글쎄요, 있을지 모르겠어요
2. 글쎄요, 좋을지 모르겠어요
3. 글쎄요, 올 수 있을지 모르겠어요
4. 글쎄요, 일찍 도착할 수 있을지 모르겠어요

연습 2 1. 맵기는 하지만 맛있어요
2. 피곤하기는 하지만 괜찮아요
3. 비싸기는 하지만 시설이 잘되어 있어요
4. 여행 가고 싶기는 하지만 시간이 없어요

연습 3 1. 이 집은 넓기 때문에 두 사람이 살 수 있어요
2. 음식이 맛있기 때문에 그 식당에 자주 가요
3. 주말에 사람이 많기 때문에 예약해야 해요
4. 지금 휴가 기간이기 때문에 비행기 표 사기가 어려워요

연습 4 1. 지하철역이 가까워서 학교 가기가 편해요
2. 주변이 조용해서 살기가 좋아요
3. 모르는 단어가 많아서 읽기가 어려워요
4. 친구가 너무 바빠서 만나기가 힘들어요

14과 여기서 사진을 찍어도 돼요?

어휘 p.90

연습 1 1) 고개를 돌리고 마셔요
2) 고개를 숙여서 인사해요
3) 높임말을 해요
4) 자리를 양보해요

연습 2 1) ② 2) ③ 3) ① 4) ④

연습 3 1) 음식물 반입 금지 2) 사진 촬영 금지
3) 휴대 전화 사용 금지 4) 주차 금지

문법과 표현

1. V-(으)ㄴ 적(이) 있다[없다] p.92

연습 1 1) 저는 러시아에 간 적이 있어요
2) 저는 유명한 사람을 만난 적이 있어요
3) 저는 연애편지를 쓴 적이 있어요
4) 저는 아르바이트를 한 적이 없어요
5) 저는 한국 전통 음악을 들은 적이 없어요
6) 저는 불고기를 만든 적이 없어요

연습 2 1) 대학교 때 일본어를 배운 적이 있습니다
2) 대학교에 다닐 때 장학금을 받은 적이 있습니다
3) 방학 때 혼자 유럽 배낭여행을 해 본 적이 있습니다
4) 고등학교 때 봉사 활동을 한 적이 있습니다

2. A/V-았을/었을 때 p.94

연습 1 1) 한국에 왔을 때
2) 지하철이 떠났을 때
3) 거짓말을 했을 때
4) 시험에서 떨어졌을 때
5) 처음 봤을 때부터

연습 2 1) 아팠을 때
2) 상을 받았을 때

3) 할머니가 돌아가셨을 때

4) 지갑을 잃어버렸을 때

5) 어렸을 때

3. V-아도/어도 되다 p.96

연습 1 1) 신어 봐도 돼요

2) 써 봐도 돼요

3) 들어 봐도 돼요

4) 먹어 봐도 돼요

5) 쳐 봐도 돼요

연습 2 1) 버스를 타도 돼요

2) 카드로 내도 돼요

3) 서명을 해도 돼요

4) 먹어도 돼요

5) 나가도 돼요

4. V-(으)면 안 되다 p.98

연습 1 1) 전화를 해도 돼요, 전화를 하면 안 돼요

2) 음식을 먹어도 돼요, 음식을 먹으면 안 돼요

3) 사진을 찍어도 돼요, 사진을 찍으면 안 돼요

4) 담배를 피워도 돼요, 담배를 피우면 안 돼요

5) 수영을 해도 돼요, 수영을 하면 안 돼요

연습 2 1) 원고를 보면서 하면 안 돼요

2) 나중에 하면 안 돼요

3) 안 먹으면 안 돼요

4) 내일 입으면 안 돼

연습 3 1) 내일까지 숙제를 안 하면 안 돼요

2) 담배를 안 끊으면 안 돼요

3) 아침 9시까지 학교에 안 가면 안 돼요

4) 오늘 택배를 못 받으면 안 돼요

문형 연습 p.100

연습 1 1. 아니요, 전에 본 적이 있어요

2. 아니요, 전에 먹은 적이 있어요

3. 아니요, 전에 만난 적이 있어요

4. 아니요, 전에 들은 적이 있어요

연습 2 1. 장학금을 받았을 때 기뻤어요

2. 할머니가 돌아가셨을 때 슬펐어요

3. 고향에 갔을 때 들었어요

4. 집에 도착했을 때 받았어요

연습 3 1. 지금 나가도 돼요

2. 밤에 전화해도 돼요

3. 이 컴퓨터를 써도 돼요

4. 여기에서 음식을 먹어도 돼요

연습 4 1. 아니요, 주차하면 안 돼요

2. 아니요, 담배를 피우면 안 돼요

3. 아니요, 음료수를 마시면 안 돼요

4. 아니요, 노래를 부르면 안 돼요

15과 한국 생활에 익숙해졌어요

어휘 p.104

연습 1 1) 사귀었어요 2) 태어났어요 3) 취직하고 4) 승진하신 5) 은퇴하셨어요 6) 결혼하셨어요

연습 2 1) 생긴 2) 늘었어요 3) 올랐어요 4) 준 5) 내렸어요

문법과 표현

1. A-아지다/어지다 p.106

연습 1 1) 좋아졌어요 2) 편해졌어요 3) 쉬워졌어요 4) 복잡해졌어요 5) 많아졌어요

연습 2 1) 키가 작아졌어요

2) 머리가 길어졌어요

3) 코가 커졌어요

4) 별이 없어졌어요

2. V-게 되다 p.108

연습 1 1) 알게 되었어요

2) 하게 되었어요

3) 가르치게 되었어요

4) 좋아하게 되었어요

5) 사귀게 되었어요

6) 쓰게 되었어요

연습 2 1) 좋아하게 됐어요

2) 잘 먹게 됐어요

3) 끼게 됐어요

4) 알게 됐어요

5) 못 가게 됐어요

3. V-기 전에 p.110

연습 1 1) 수영을 하기 전에
2) 할머니가 주무시기 전에
3) 물건을 사기 전에
4) 식당에 가기 전에
5) 손님들이 오시기 전에

연습 2 1) 졸업하기 전부터 준비했어요
2) 한국에서 살기 전에도 김치를 잘 먹었어요
3) 초등학교에 입학하기 전부터 피아노를 배웠어요
4) 저녁 먹기 전까지 갈 수 있어요
5) 결혼하기 전까지 부산에 살았어요
6) 퇴근하기 전까지 끝내야 돼요

4. V-(으)ㄴ 후에 p.112

연습 1 1) 밥 먹은 후에
2) 시험이 끝난 후에
3) 영화 본 후에
4) 퇴근한 후에 만나요
5) 한국에 온 후부터 한국어를 배웠어요

문형 연습 p.114

연습 1 1. 겨울보다 싸졌어요
2. 작년보다 바빠졌어요
3. 전보다 좋아졌어요
4. 어제보다 추워졌어요

연습 2 1. 한국에 와서 배우게 되었어요
2. 한국에 와서 가르치게 되었어요
3. 한국에 와서 하게 되었어요
4. 한국에 와서 혼자 살게 되었어요

연습 3 1. 밥 먹기 전에 손을 씻어요
2. 결혼식에 가기 전에 선물을 준비해요
3. 방학이 끝나기 전에 여행을 가고 싶어요
4. 친구들이 오기 전에 음식을 준비해야 해요

연습 4 1. 점심을 먹은 후에 만날 거예요
2. 설거지한 후에 할 거예요
3. 한국어 공부를 마친 후에 돌아갈 거예요
4. 숙제를 다 한 후에 먹을 거예요

복습 5 어휘와 표현

2. 확인하기 p.118

1. X (있었을 때는 → 있을 때는) 2. O
3. X (좋았을 때 → 좋을 때) 4. O 5. O

3. 평가하기 p.119

1. ② 2. ④ 3. ② 4. ③ 5. ② 6. ① 7. ②
8. ④ 9. ③ 10. ④ 11. ④ 12. ① 13. ① 14. ①
15. ② 16. ① 17. ③ 18. ③ 19. ④ 20. ①

복습 5 듣기 p.123

1. ① 2. ④ 3. ④ 4. ③ 5. ③ 6. ③
7. ② 8. ① 9. ④ 10. ③ 11. ④ 12. ②
13. ④ 14. ② 15. ②

복습 5 읽기와 쓰기 p.126

1. ③ 2. ③ 3. ④ 4. ③ 5. ③ 6. ② 7. ②
8. ④ 9. ④ 10. ③ 11. 아니요, 시험 시간에는 사전을 보면 안 돼요 12. 고향에 돌아가기 전에 13. 처음에는 좀 힘들었는데 지금은 많이 편해졌어요 14. 친구가 소개해 줘서 알게 됐어요 15. 네, 해 본 적이 있어요 16. 요리하는 것을 좋아하기

16과 설날에는 밥 대신 떡국을 먹어요

어휘 p.138

연습 1 1) 한복을 입었어요 2) 윷놀이를 해요
3) 세배를 해요 4) 차례를 지내요
5) 고향에 가요

연습 2 1) 식혜 2) 한과 3) 떡국 4) 빈대떡 5) 송편

연습 3 1) 청소기를 돌리면 안 돼요 2) 장을 봐요
3) 세탁기를 돌려야 돼요 4) 방을 닦았어요
5) 정리를 못 했어요

문법과 표현

1. V-아/어 놓다 p.140

연습 1 1) 예매를 해 놓아야 돼요
2) 청소를 해 놓아야 돼요
3) 종이에 써 놓아야 돼요

4) 장을 봐 놓아야 돼요
5) 돈을 찾아 놓아야 돼요
6) 맛있는 식당을 알아 놓아야 돼요

연습 2 1) 열어 놓았어요
2) 해 놓았어요
3) 빌려 놓았어요
4) 알아 놓았어요
5) 꺼 놓았어요
6) 넣어 놓았어요

2. N 대신 p.142

연습 1 1) 사과 대신 바나나를 샀어요
2) 전화 대신 문자를 보냈어요
3) 동생 대신 내가 운전을 했어요
4) 나 대신 친구가 설거지를 했어요
5) 해외여행 대신 국내 여행을 했어요

연습 2 1) 제가 대신 갖다 줄게요
2) 야구 대신 농구 보러 가요
3) 주소 대신 전화번호를
4) 꽃 대신 과일을
5) 어머니 대신 요리를 하고 있어요
6) 지호 대신 제가 왔어요

3. V-(으)ㄹ까 하다 p.144

연습 1 1) 쇼핑을 할까 해요
2) 김밥을 먹을까 해요
3) 제주도에 갈까 해요
4) 꽃을 사 갈까 해요

연습 2 1) 갈까 하는데
2) 비빔밥을 먹을까 하는데
3) 등산할까 하는데
4) 배울까 하는데
5) 시킬까 하는데
6) 테니스를 칠까 하는데

4. A/V-(으)ㄹ 테니까 p.146

연습 1 1) 제가 할 테니까
2) 제가 살 테니까
3) 제가 도와줄 테니까
4) 제가 빌려줄 테니까
5) 제가 청소기를 돌릴 테니까

연습 2 1) 사람이 많을 테니까
2) 비가 올 테니까
3) 더울 테니까
4) 모자라지 않을 테니까
5) 전화를 못 받으실 테니까

문형 연습 p.148

연습 1 1. 버스 대신 택시를 탔어요
2. 주소 대신 전화번호를 가르쳐 줬어요
3. 친구 대신 제가 전화를 했어요
4. 동생 대신 제가 운전을 했어요

연습 2 1. 네, 벌써 찍어 놓았어요
2. 네, 벌써 써 놓았어요
3. 네, 벌써 예약해 놓았어요
4. 네, 벌써 만들어 놓았어요

연습 3 1. 집에서 쉴까 해요
2. 영화를 볼까 해요
3. 김밥을 먹을까 해요
4. 원피스를 입을까 해요

연습 4 1. 빨리 갈 테니까 기다리세요
2. 내가 도와줄 테니까 걱정하지 마세요
3. 지금은 전화를 안 받을 테니까 나중에 전화하세요
4. 날씨가 추울 테니까 따뜻하게 입으세요

17과 비행기를 놓칠 뻔했어요

어휘 p.152

연습 1 1) 하얀색 2) 빨간색 3) 노란색 4) 초록색

연습 2 1) 꽃무늬 2) 줄무늬 3) 물방울무늬

연습 3 1) 놓칠 것 같아요 2) 잃어버려서
3) 불이 났어요 4) 부딪혔어요
5) 사고가 났어요 6) 넘어졌어요
7) 고장이 나서

문법과 표현

1. V-아다/어다 주다 p.154

연습 1 1) 여자 친구를 집에 데려다 주었어요

2) 할머니를 댁에 모셔다 드렸어요
3) 아버지를 병원에 모셔다 드렸어요
4) 동생을 학교에 데려다 주었어요
5) 아이를 엄마에게 데려다 주었어요

연습 2 1) 그럼 미안하지만 올 때 우유 하나만 사다 주세요
2) 그럼 미안하지만 올 때 책 한 권만 빌려다 주세요
3) 그럼 미안하지만 올 때 제 옷 좀 찾아다 주세요
4) 치즈피자 한 판 갖다 주세요

2. V-(으)ㄹ 뻔하다 p.156

연습 1 1) 놓칠 뻔했어요
2) 놓고 갈 뻔했어요
3) 늦을 뻔했어요
4) 사고가 날 뻔했어요
5) 불이 날 뻔했어요

연습 2 1) 넘어질 뻔했습니다, 부딪힐 뻔했습니다, 떨어뜨릴 뻔했습니다, 울 뻔했습니다, 내릴 뻔했습니다

3. 'ㅎ' 불규칙 p.158

연습 1

파랗습니다	파랗고	파래요	파래서	파란	파라니까
노랗습니다	노랗고	노래요	노래서	노란	노라니까
빨갛습니다	빨갛고	빨개요	빨개서	빨간	빨가니까
까맣습니다	까맣고	까매요	까매서	까만	까마니까
하얗습니다	하얗고	하얘요	하얘서	하얀	하야니까
이렇습니다	이렇고	이래요	이래서	이런	이러니까
그렇습니다	그렇고	그래요	그래서	그런	그러니까
저렇습니다	저렇고	저래요	저래서	저런	저러니까

연습 2 1) 어떤 2) 그랬는데 3) 이런 4) 저렇게

연습 3 1) 파랗고 2) 빨개요 3) 노란색
4) 하얀, 까만 5) 하얘졌어요

4. V-아/어 있다 p.160

연습 1 1) 열려 있어요
2) 벽에 붙어 있어요
3) 책상 위에 놓여 있어요
4) 가방에 달려 있어요
5) 교실에 앉아 있어요
6) 침대에 누워 계세요

연습 2 1) 서 있는
2) 앉아 있어요
3) 놓여 있는
4) 열려 있네요
5) 붙어 있으니까

문형 연습 p.162

연습 1 1. 동생을 유치원에 데려다 주었어요
2. 어머니를 병원에 모셔다 드렸어요
3. 할아버지를 댁에 모셔다 드렸어요
4. 아이를 학교에 데려다 주었어요

연습 2 1. 요리를 하다가 불이 날 뻔했어요
2. 길을 건너다가 사고가 날 뻔했어요
3. 버스에서 내리다가 넘어질 뻔했어요
4. 바다에서 수영을 하다가 죽을 뻔했어요

연습 3 1. 왜 그렇게 팔이 까매요
2. 왜 그렇게 눈이 빨개요
3. 왜 그렇게 입술이 파래요
4. 왜 그렇게 얼굴이 하얘요

연습 4 1. 시계가 벽에 걸려 있어요
2. 인형이 가방에 달려 있어요
3. 아이가 침대에 누워 있어요
4. 동생이 아버지 옆에 앉아 있어요

18과 한국에 온 지 벌써 6개월이 되었어요

어휘 p.166

연습 1 1) 그리워요 2) 아쉬워요 3) 짐이 들었어요
4) 후회가 돼요 5) 기억에 남아요

연습 2 1) 쌀쌀해서 2) 습도가 높아서
3) 건조해요 4) 기온이 영하로 내려가는

연습 3 1) 눈이 내려요 2) 단풍이 들어서
3) 얼음이 얼어서 4) 장마가 시작돼요
5) 바람이 불어서

문법과 표현

1. V-(으)ㄴ 지 p.168

연습 1 1) 한국어를 공부한 지 얼마나 됐어요
2) 두 사람이 사귄 지 얼마나 됐어요
3) 태권도를 배운 지 얼마나 됐어요
4) 안경을 낀 지 얼마나 됐어요

5) 약을 먹은 지 얼마나 됐어요

연습 2 1) 고향 음식을 못 먹은 지 6개월 됐어요
2) 부모님께 전화를 못 드린 지 2주일 됐어요
3) 청소를 안 한 지 한 달 됐어요
4) 담배를 안 피운 지 세 달 됐어요
5) 술을 안 마신 지 오래됐어요

2. N(이)나 2 p.170

연습 1 1) 세 잔이나 마셨어요
2) 열두 시간이나 잤어요
3) 네 마리나 있어요
4) 5개월이나 됐어요
5) 두 시간이나 공부해요
6) 열두 개나 있어요

3. A-다, V-는/ㄴ다, N(이)다 p.171

연습 1 1) 제주도는 아름답다
2) 한국 사람의 눈은 까맣다
3) 나는 동생과 성격이 아주 다르다
4) 동생은 지금 인터넷을 하고 있다
5) 비빔밥을 먹어 본 적이 없다
6) 할머니가 조금 피곤하신 것 같다

연습 2 1) 우리 형은 회사에 다닌다
2) 난 그 사람의 말을 믿지 않는다
3) 신발이 참 편해 보인다
4) 아이들이 밖에서 논다
5) 나나는 긴 머리가 잘 어울린다
6) 길이 복잡할 테니까 서둘러야 된다

연습 3 1) 늦게 일어나서 아홉 시 기차를 놓쳤다
2) 친구를 집까지 데려다 주었다
3) 2급에서 공부한 지 벌써 세 달이 되었다
4) 어제 우리 부모님이 한국에 오셨다
5) 방학 때 여행을 했으면 좋겠다
6) 나는 조금 후에 집에 갈 것이다
7) 지금 떠나면 늦지 않을 것이다
8) 내일부터 설 연휴다
9) 여기는 주차장이 아니다
10) 히엔 씨는 한국에 오기 전에 회사원이었다

연습 4 1) 되었다, 익숙해졌다, 사귀었다, 즐겁다
2) 명절이다, 내려간다, 막힌다, 한다, 먹는다
3) 한다, 좋다, 따뜻하다
4) 갔다, 올라갔다, 힘들었다, 아름다웠다, 싶다

문형 연습 p.174

연습 1 1. 아침을 먹은 지 세 시간 됐어요
2. 안경을 쓴 지 오 년 됐어요
3. 서울에서 산 지 삼 개월 됐어요
4. 그 친구를 안 만난 지 두 달 됐어요

연습 2 1. 세 시간이나 운동해요
2. 십 년이나 됐어요
3. 두 그릇이나 먹었어요
4. 열두 시간이나 잤어요

연습 3 1. 봄에는 여러 가지 꽃이 핀다
2. 여름은 아주 덥다
3. 가을에는 단풍이 든다
4. 겨울에는 하얀 눈이 내린다

연습 4 1. 오늘은 월요일이다
2. 이 사진은 우리 가족사진이다
3. 이것은 내 가방이 아니다
4. 그 사람은 전에 회사원이었다

복습 6 어휘와 표현

2. 확인하기 p.178

1. O 2. X (타→타고) 3. O 4. O 5. X (눕고→누워)

3. 평가하기 p.179

1. ③ 2. ④ 3. ② 4. ④ 5. ③ 6. ① 7. ②
8. ② 9. ② 10. ④ 11. ④ 12. ① 13. ① 14. ①
15. ③ 16. ② 17. ① 18. ③ 19. ① 20. ②

복습 6 듣기 p.183

1. ③ 2. ④ 3. ① 4. ① 5. ② 6. ③ 7. ①
8. ④ 9. ③ 10. ① 11. ② 12. ③ 13. ③ 14. ①
15. ④

복습 6 읽기와 쓰기 p.186

1. ② 2. ③ 3. ② 4. ② 5. ① 6. ① 7. ③
8. ③ 9. ① 10. ④ 11. 큰일 날 뻔했네요 12. 두 그릇이나 먹었어요 13. 한국에 산 지 6개월이 되었어요
14. 제가 빌려드릴 테니까 15. 친구들과 여행을 갈까 해요
16. 비행기 표를 사 놓았다

집필 Authors

최은규 Choi Eunkyu
서울대학교 국어국문학과 박사
Seoul National University, Ph.D. in Korean Language and Literature

서울대학교 언어교육원 한국어교육센터 대우부교수
Seoul National University, LEI Associate Professor

이정화 Lee Jeonghwa
이화여자대학교 국어국문학과 박사
Ewha Womans University, Ph.D. in Korean Language and Literature

서울대학교 언어교육원 한국어교육센터 대우조교수
Seoul National University, LEI Assistant Professor

조경윤 Cho Kyungyoon
한양대학교 국어국문학과 박사 과정 수료
Hanyang University, Ph.D. Candidate in Korean Language and Literature

서울대학교 언어교육원 한국어교육센터 대우전임강사
Seoul National University, LEI Full-time Instructor

이수정 Lee Sujeong
한국외국어대학교 국어국문학과 박사
Hankuk University of Foreign Studies, Ph.D. in Korean Language and Literature

서울대학교 언어교육원 한국어교육센터 대우전임강사
Seoul National University, LEI Full-time Instructor

번역 Translator

이소영 Lee Soyoung
이화여자대학교 교육공학과 박사
Ewha Womans University, Ph.D. in the Department of Educational Technology

서울대학교 언어교육원 한국어교육센터 대우전임강사
Seoul National University, LEI Full-time Instructor

번역 감수 Translation Editor

로버트 카루바 Robert Carrubba
서강대학교 국어국문학과 석사
Sogang University, M.A. in Korean Language and Literature

한국어 교육자 및 번역가
Korean Language Educator and Translator